ACTES SUD JUNIOR
est dirigé par Madeleine Thoby-Le Duc

Pour ma mère Elisabeth
et pour Svenja, Vincent, Frederik et Nikolas.

JULIAN PRESS

Après des études d'arts graphiques,
Julian Press débute dans l'édition pour la jeunesse
puis travaille dans une agence de publicité.
Il a vécu plusieurs années à Bruxelles.
Aujourd'hui, installé à Hambourg avec sa femme,
il poursuit sa carrière d'auteur-dessinateur
dans la presse pour enfants.

Du même auteur :

Le Sceptre d'or
Opération Dragon jaune
ACTES SUD JUNIOR

Titre original :
Die Lakritzbande
Tatort Krähenstein

ISBN 2-7427- 4884-9

Loi 49-956 du 16 juillet 1949
sur les publications destinées à la jeunesse.

LE TRÉSOR DE LA PIERRE-AUX-CORBEAUX

Écrit et illustré par
JULIAN PRESS

Traduit et adapté de l'allemand par
SYLVIA GEHLERT

ACTES SUD JUNIOR

LE TRÉSOR DE LA PIERRE-AUX-CORBEAUX

Il n'y avait pas de meilleure réglisse qu'aux « Délices de Francis ». C'est là que Caroline, David et Valentin faisaient régulièrement leur provision de friandises pour la récré. Dans la confiserie de Francis Lespinasse, l'oncle de Caroline, ils retrouvaient Antoine, le frère cadet de Francis, qui était inspecteur de police et grand amateur de guimauve. Et, comme les trois amis étaient friands d'énigmes policières, d'histoires à suspense et de mystères, ils ne cessaient de l'assaillir de questions sur son métier. Jusqu'au jour où ils fondèrent leur propre agence de détectives. Avec Francis et Antoine comme conseillers techniques. Peu après, ils réussirent à résoudre leur premier cas*. Pour se réunir, Francis leur avait proposé le « Sucrier », la réserve à bonbons qui se trouvait au grenier de la confiserie. C'est là, au milieu des parfums appétissants qui s'échappaient des cartons remplis de sucreries, que l'agence Malice et Réglisse avait aménagé son bureau.

Francis Lespinasse est pondéré et perspicace. Ce n'est pas à lui qu'on ferait passer une bêtise de Cambrai pour une violette de Toulouse !

Valentin Rigaudon, l'astucieux benjamin de la bande, n'a pas l'œil dans sa poche et a les poches remplies d'objets divers pour faire face à l'imprévu.

Caroline Montonnerre réfléchit plus vite que l'éclair. En bonne sportive, elle a l'esprit d'équipe et le goût des obstacles à surmonter.

L'inspecteur Antoine Lespinasse aime l'informatique. Il a offert son vieil ordinateur à l'agence Malice et Réglisse qui s'en sert avec aplomb.

David Delorme a l'oreille fine. Il sait reconnaître tous les cris d'oiseaux. Ce que lui caquette son fidèle cacatoès n'a pas de secret pour lui.

Robinson, le cacatoès, avance à battements d'ailes discrets et fait tomber de haut et sur leur bec les méchants de tout genre.

* Cf. *Opération Dragon jaune,* Actes Sud Junior, 2001.

LE TRÉSOR DE LA PIERRE-AUX-CORBEAUX

1

SEPT MOINS UN ?

Par un beau matin de juin, un groupe d'élèves du collège Pierre-Corneille partit en excursion. Destination : l'abbaye de la Pierre-aux-Corbeaux. Ils étaient accompagnés par leur professeur d'histoire, M. Le Féru, animateur de l'atelier « La vie au Moyen Âge ». Parmi eux, les trois membres de l'agence Malice et Réglisse avec Robinson, le cacatoès.

Le car montait à travers la forêt d'épicéas, enchaînant les virages. Les yeux fermés, David luttait contre la nausée, quand soudain des « Oh ! » et des « Ah ! » fusèrent autour de lui. Il ouvrit les yeux.

Sur le plateau de la Pierre-aux-Corbeaux se dressait, imposante, la vieille abbaye, qui semblait plongée dans un sommeil millénaire. Le vacarme étourdissant d'une bande de corbeaux, perchés en haut du clocher, salua les enfants à leur descente du car, le père Anselme les attendait pour la visite.

– Élevée sur les fondations d'une chapelle du IXe siècle, l'abbaye fut consacrée en l'an mille deux cent soixante-seize, commença-t-il. Selon la légende, sept corbeaux conduisirent jadis le moine Roger sur cette roche, lui faisant ainsi découvrir les vestiges de l'ancien sanctuaire. L'abbaye porte leur nom et, depuis sa construction, les corbeaux, toujours au nombre de sept, n'ont cessé de veiller sur elle… Bonté divine ! s'interrompit le père Anselme, je n'en vois plus que six !

QUESTION

Valentin pourra le rassurer. Où a-t-il déniché le septième corbeau ?

2

UNE SAINTE FRAYEUR CHASSE L'AUTRE !

Le père Anselme recouvra sa sérénité lorsque Valentin lui montra le corbeau manquant qui plumait tranquillement le balai brosse appuyé contre le mur derrière la tour de gauche.

– Petit coquin ! lança-t-il au volatile, veux-tu aller retrouver tes frères !

Sur ce, il fit entrer ses visiteurs dans la majestueuse église abbatiale. Par les vitraux colorés, la lumière du jour pénétrait dans la vaste nef projetant des éclats rouges, bleus, verts et jaune d'or qui éclaboussaient les dalles. Il attendit que la petite troupe se soit rassemblée autour de lui dans le transept pour reprendre son discours :

– Vous voyez les grands piliers de pierre de part et d'autre de la nef, les enfants ? Allez-y, essayez de les entourer de vos bras.

Aussitôt dit, aussitôt fait : il ne fallait pas moins de trois élèves pour en faire le tour !

– Ces piliers, expliqua le père Anselme, soutiennent à eux seuls l'énorme poids de la voûte qui paraît pourtant si légère. Il a fallu des prouesses d'ingéniosité pour créer ce vaste espace qui semble défier les lois de la pesanteur…

Il s'interrompit, atterré. La porte donnant sur le cloître était entrebâillée ! Or, l'accès était strictement interdit ! David s'approcha d'une fenêtre en ogive et regarda. En effet, le père Anselme avait raison d'être inquiet.

QUESTION

Qu'est-ce que David a découvert dans l'enceinte du cloître ?

....

3

CE QUE L'AILE RÉVÈLE

David ne s'était pas trompé : c'était bel et bien une clé qui se trouvait au pied de l'arbuste dans le coin opposé du cloître. Cela signifiait que quelqu'un s'était introduit dans le cloître par lequel on avait accès à l'intérieur de l'abbaye. Quelqu'un qui n'avait pas hésité, malgré le grand panneau de mise en garde installé devant la porte signalant que, pendant les travaux de rénovation, l'accès au cloître était strictement interdit. Discrètement, David fit part de sa découverte à Caroline et Valentin. Ils décidèrent de la garder pour eux dans un premier temps.

La visite terminée, M. Le Féru et les élèves repartirent – à l'exception des trois amis qui, par une heureuse coïncidence, avaient choisi comme sujet de recherche la vie des moines dans une abbaye au Moyen Âge.

Le père Anselme leur montra la bibliothèque qui contenait, entre autres, des manuscrits finement illustrés d'enluminures datant de l'origine de l'abbaye.

Puis, les trois amis prirent leur déjeuner – une soupe de légumes du potager – au réfectoire, en compagnie des treize religieux qui habitaient encore les lieux.

Le repas se passa dans le silence. Cela n'empêchait pas les Malice et Réglisse de réfléchir à plein régime. Qui s'était introduit dans l'abbaye ? Et pour quelle raison ?

Caro ne lâchait pas des yeux l'aile sud de l'abbaye. Soudain, elle fronça les sourcils.

– Je suis prête à parier qu'il y a quelqu'un là-bas, chuchota-t-elle.

QUESTION

Qu'est-ce qui permet à Caroline d'affirmer la présence d'un inconnu ?

4

BRUITS À MINUIT

D'un commun accord, les trois amis décidèrent de confier au père Anselme leurs troublantes découvertes. Quand ce dernier apprit que le store de la fenêtre à l'extrême droite du premier étage de l'aile sud avait été baissé au cours du déjeuner, il fit rapidement le compte des moines. Tous les treize, lui compris, étaient présents ! Qui donc rôdait dans le dortoir désaffecté de l'aile sud ?

Le père Anselme y courut derechef… pour ne trouver personne. Sur le chemin du retour, il ne pouvait s'empêcher de sourire. Ces jeunes avaient bien de l'imagination, peut-être même un peu trop. Et lui, qui s'était laissé prendre à leur jeu, à son âge ! Restait la clé trouvée dans le cloître. Sûrement un oubli du frère jardinier qui était particulièrement distrait. Le père Anselme se promit de lui poser la question, puis il oublia.

Pour la nuit, les trois amis furent installés dans une cellule monacale.

– Lever à l'aube, dit le père Anselme, faites de beaux rêves, les enfants.

Minuit venait de sonner quand Caroline crut entendre des bruits de voix provenant du jardin. Elle réveilla les deux autres. Ils s'habillèrent en vitesse et descendirent en catimini. Le jardin était silencieux, pas la moindre feuille ne bougeait. Les trois amis s'apprêtaient à rebrousser chemin lorsque Valentin pointa du doigt quelque chose dans l'obscurité.

QUESTION

Qu'est-ce qui a attiré l'attention de Valentin ?

5

IL SUFFIT DE TROUVER LE LIEN...

Sur la pointe des pieds, les Malice et Réglisse s'approchèrent du petit escalier de pierre au fond du jardin. Les sandales que Valentin avait aperçues appartenaient à l'un des moines qui gisait sur le sol, ligoté avec une cordelette. Ils défirent ses liens, mais l'homme ne bougea pas, il n'ouvrit même pas les yeux. David surmonta sa peur, prit le poignet du moine entre les mains et, les doigts tremblants, chercha son pouls.
– Il est vivant, chuchota-t-il enfin, il a juste perdu connaissance.
– Vous deux, restez avec lui, dit Valentin, je vais chercher de l'aide.
Cinq minutes plus tard, il était de retour, accompagné du père Anselme.
– Juste Ciel ! tonna ce dernier en reconnaissant le frère Ambroise, c'est le plus doux des hommes. Aidez-moi, les enfants, à le transporter !
Ils emmenèrent le frère Ambroise à l'infirmerie où il revint enfin à lui. Le regard hagard et gémissant de douleur, il tenta de se souvenir :
– J'étudiais dans la bibliothèque lorsque j'ai perçu un bruit de verre cassé. J'ai couru vers la tour carrée. Une silhouette a surgi du noir. C'était un homme en robe de bure. Il m'a renversé. On m'a mis la main devant la bouche, on m'a roué de coups, on m'a traîné sur le sol...
Le frère Ambroise s'interrompit, à bout de force. Pendant que le père Anselme lui frictionnait les tempes avec un baume de sa propre fabrication, les trois amis s'éclipsèrent discrètement, non sans avoir « emprunté » le trousseau de clés que le bon père avait abandonné sur une tablette. Destination : la tour carrée. Examen minutieux de tous les locaux, réservés à l'administration de l'abbaye. Révélation dans le bureau du deuxième étage ! L'inconnu qui avait mis KO le frère Ambroise, pour le ligoter ensuite, était bien passé par ici.

QUESTION

Quel est le détail qui atteste son sinistre passage ?

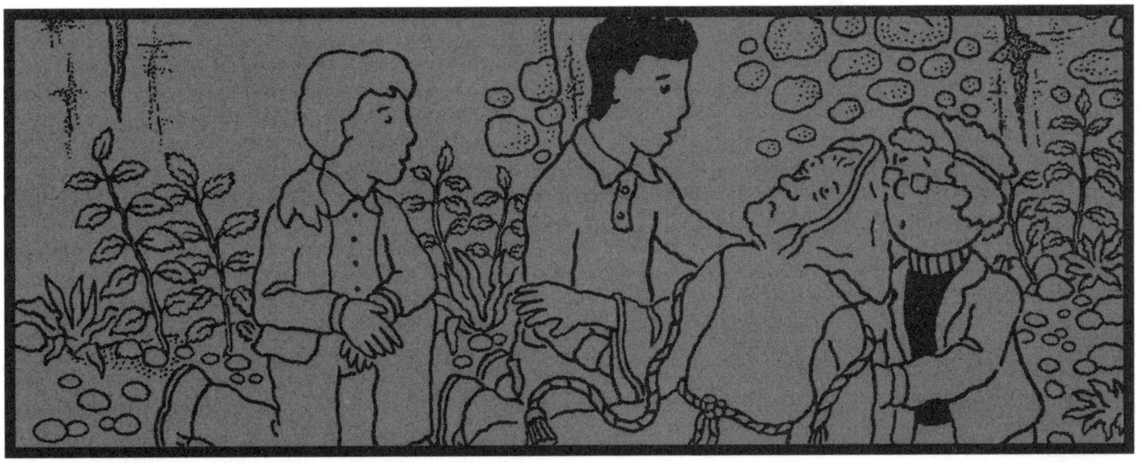

1727

6

UN INCONNU QUI N'A PAS L'ESPRIT D'ESCALIER

En effet, l'examen scrupuleux du bureau fut couronné de succès. Comme vous l'aurez sûrement remarqué, la cordelette du rideau de la fenêtre avait été tranchée et le frère Ambroise ficelé avec le bout manquant. Le père Anselme, qui venait de rejoindre David, Caroline et Valentin, réprima un juron en désignant la porte du coffre-fort. Elle était ouverte et ne montrait aucune trace d'effraction.

– Ce coffre renferme des objets liturgiques anciens très précieux, expliqua-t-il. Si vous voulez bien me rendre mon trousseau…

Il vérifia, la clé du coffre y était toujours. Alors comment… ?

– J'ai compris ! s'écria alors David. Vous voyez les bris de verre ? L'inconnu est entré par la fenêtre du fond, après avoir cassé le carreau.

– Ah oui ? fit Valentin. Et comment aurait-il fait pour arriver jusqu'au deuxième étage ? Je ne vois pas l'ombre d'une échelle.

David ne sut que répondre. Les trois amis laissèrent le père Anselme faire l'inventaire du coffre-fort et regagnèrent leur cellule. Caroline ouvrit la lucarne et scruta les abords de la tour carrée.

– Venez voir, je crois que j'ai trouvé, dit-elle soudain.

QUESTION

Par quel moyen l'inconnu avait-il pu atteindre le deuxième étage ?

……………………………………………………………………………………

7

L'ÉPINGLE DANS LA BOTTE DE FOIN

Une corde était fixée à la cheminée de la tour carrée. De toute évidence, l'inconnu l'avait d'abord lancée avec un grappin, puis il avait escaladé la tour pour entrer par la fenêtre dans la pièce du deuxième...
– Regardez ! fit David, on dirait un moine qui court là-bas dans le jardin.
– Tu as raison, et ce n'est certainement pas le père Anselme, je le vois, il est toujours dans la tour, dit Valentin, ni le frère Ambroise, vu son état. Je me demande bien qui ça peut être. Et qu'est-ce qu'il peut bien porter sous le bras ?
– C'est ce qu'on va voir, dit Caroline en se précipitant vers l'escalier. Allez, dépêchez-vous, sinon il va encore nous échapper.
Hélas, lorsqu'ils arrivèrent dans le jardin, ils virent le faux moine qui se dirigeait vers la forêt où il allait disparaître d'un instant à l'autre. Or, pour retrouver un faux moine dans une forêt sombre par une nuit sans lune, il faut autant de chance que pour repérer une épingle sans tête dans une grosse botte de foin. C'est vous dire !
– Je ne sais pas si vous avez vu... commença Caroline, triomphante.
– Qu'il est parti les mains vides ? l'interrompit David. Mais enfin, pour qui tu nous prends ? Il suffit de trouver où il a caché ce qu'il portait...
– C'est fait, déclara Valentin, assez fier de lui. Suivez mon regard !

QUESTION

Valentin a une bonne mémoire visuelle. Qu'est-ce qui le prouve ?

8

LE FRUIT DE L'EFFORT

Valentin courut vers le citronnier en pot qui portait un unique fruit. Quand il avait vu l'arbrisseau tout à l'heure depuis la fenêtre de leur cellule, le citron se trouvait à droite. Maintenant, il était à gauche. Valentin en conclut que, entre-temps, le faux moine avait retiré le citronnier du pot. Pour quelle raison ? C'est ce qu'il fallait voir !

– Allez, venez m'aider ! dit-il. Je sens qu'on va avoir une surprise.

En effet, après avoir ôté le citronnier, les trois amis découvrirent au fond du pot un sac en plastique qui contenait un objet assez lourd. Valentin y plongea la main et retira une coupe en argent richement décorée et certainement très ancienne. Il s'agissait d'un calice qui faisait partie des trésors de l'abbaye de la Pierre-aux-Corbeaux enfermés dans le coffre-fort.

– Mais comment tu as su qu'il se trouvait là ? demanda Caro.

– Simple affaire de déduction, déclara Valentin, pas peu fier.

Le père Anselme était aux anges lorsque les Malice et Réglisse lui remirent le calice volé. Pour les récompenser, il les autorisa à assister à l'étude matinale de la communauté. N'ayant que très peu dormi, ils eurent du mal à garder les yeux ouverts. Soudain, Caroline sursauta. Elle se frotta les yeux. Non, aucun doute n'était possible !

– Le voleur du calice est parmi nous, lança-t-elle dans le silence studieux. Vérifiez vous-mêmes !

QUESTION

De quoi Caroline s'est-elle rendu compte ?

9

UN AVIS CLAIRVOYANT

En faisant le compte des moines, Caroline s'était rendu compte qu'il y en avait un de trop dans l'assemblée ! Démasqué, il se leva d'un bond. Il traversa la salle en courant pour disparaître derrière une porte dissimulée au dos d'une bibliothèque. Caroline, qui s'était lancée à ses trousses, eut juste le temps de se glisser par la porte avant que celle-ci ne se referme sur eux deux.

Le passage secret sentait le moisi. Quelqu'un haletait, tâtonnait dans l'obscurité. Caro s'aplatit contre le mur, son cœur cognait. Puis elle se mit à hurler : quelque chose courait le long de sa joue. Une araignée ? Un cafard ? Elle se passa les mains sur le visage, secoua violemment ses cheveux. C'est alors qu'une porte s'ouvrit au fond du passage, laissant entrer un rai de lumière colorée. Caroline vit le faux moine disparaître dans l'église. Elle s'apprêtait à le poursuivre lorsqu'une main la retint fermement. Le père Anselme l'avait rejointe.

– Non, dit-il, ceci n'est pas un jeu d'enfant. Tu as fait preuve de lucidité, Caroline, je t'en félicite et t'en remercie. Or, c'est aux adultes de régler cette affaire. Va retrouver tes amis, tu veux bien ?

Caroline obéit tout en trépignant. Les Malice et Réglisse attendirent que les moines soient partis à la recherche de l'intrus avant de se faufiler dans l'église. Trop tard, le voleur devait déjà être loin. Ils ressortirent par un petit portail latéral. Valentin s'arrêta sur le seuil :

– L'homme est passé par ici, déclara-t-il, et si vous voulez mon avis personnel, il doit être assez embêté maintenant.

QUESTION

Quel est l'indice qui n'a pas échappé à la vue de Valentin ?

. . . .

1811

10

VU !

Valentin savait de quoi il parlait : perdre ses lunettes, c'est très embêtant. C'est d'ailleurs grâce aux siennes qu'il avait découvert celles du faux moine. Vous les avez probablement aperçues au pied de la fenêtre en ogive sur la droite.
– Je me demande pourquoi il a pris le risque de se mêler aux moines dans la salle de lecture, réfléchit David à voix haute. Il savait qu'on avait découvert le vol et récupéré le calice…
– Justement, fit observer le père Anselme qui remplissait un seau à la pompe, c'est pourquoi il est revenu. Cet homme cherche, par tous les moyens, à mettre la main sur le calice d'argent, qui date de la fondation de notre abbaye. Il travaille probablement pour le compte d'un commanditaire sans scrupule. Vous savez, les vols d'objets de culte, de tableaux, de sculptures sont malheureusement légion. Que faire sinon avertir la police et mettre le calice en sûreté ? Après le déjeuner, les enfants, je voudrais que vous arrosiez les plants de salade. J'espère que ça vous changera enfin les idées.
À peine la dernière bouchée avalée, les trois amis se rendirent à la pompe avec l'arrière-pensée d'un petit bain rafraîchissant.
Après avoir bien arrosé les plants de salade, ils allaient se mettre en maillot de bain lorsque David murmura soudain :
– Il est là-bas, j'en suis sûr. Et cette fois-ci, il ne nous échappera pas !

QUESTION

Où le voleur se cache-t-il ?

11

UNE FOIS DE PLUS, LE COMPTE N'EST PAS BON !

Chapeau, David ! Il fallait vraiment avoir l'œil pour remarquer le petit détail qui en disait long : la roue de la brouette au fond du jardin n'était plus bombée comme avant, mais aplatie ! Par un poids important, évidemment. Or, avec tout le remue-ménage de la matinée, le frère jardinier n'avait pas eu le temps de s'occuper de son travail !

Prévenu par le père Anselme, l'officier de police Antoine Lespinasse, accompagné de son frère Francis, le marchand de réglisse, venait d'arriver à l'abbaye. Caro alla les chercher et les mit au courant.

– Police, dit Antoine de sa voix d'autorité en se plantant devant la bâche, veuillez sortir, monsieur, vous êtes cerné !

Le voleur comprit que, cette fois-ci, il ne lui restait pas d'échappatoire. Excepté le silence, dans lequel il se mura pendant l'interrogatoire qui suivit son arrestation. Les Malice et Réglisse coururent avertir le père Anselme, qui faisait sa sieste, des derniers rebondissements de l'affaire.

Or, alors qu'ils passaient devant l'entrée principale de l'abbaye, où un groupe de visiteurs venait d'arriver, le frère Amédée les héla :

– Vous voulez bien me donner un petit coup de main pour distribuer les billets d'entrée, les jeunes ?

À peine les visiteurs étaient-ils entrés dans l'église, que Caro souffla :

– Il en manque un ! Je trouve ça suspect, pas vous ?

QUESTION

Qui, parmi les visiteurs, a préféré faire bande à part ?

Tourisme & Evasion

Clocher

12

ÇA COULE SEC !

David et Valentin avaient confiance en Caroline. Ils firent rapidement défiler dans leur mémoire les visiteurs qu'ils avaient accueillis à l'entrée de l'église abbatiale pour les comparer ensuite, un par un, aux personnes se trouvant actuellement sous la nef. Ils finirent par échanger un regard alarmé : Caro avait vu juste. L'homme au chapeau, armé d'un parapluie, n'y était pas ! Si le père Anselme savait ! Il allait savoir. Pendant que le frère Amédée entamait, fort de son aimable érudition, l'histoire de l'abbaye de la Pierre-aux-Corbeaux, nos trois amis grimpèrent, quatre à quatre, les marches qui menaient à la cellule du père Anselme. Ils frappèrent à sa porte. Discrètement d'abord, puis de plus en plus fort. Pas de réponse. Ils l'appelèrent, sans résultat. Ou bien si, peut-être ?

– J'ai entendu comme un gémissement, pas vous ? murmura Caroline à mi-voix pendant que la chair de poule lui montait le long des bras.

David n'en menait guère plus large. Pour toute réponse, il colla son œil au trou de la serrure et demeura immobile. N'en pouvant plus, Valentin le tira par la manche :

– Vas-y, nom d'une pipe, dis-nous ce qui se passe là-dedans.

– Je... je ne sais pas. Je crois que le père Anselme est en danger. En tout cas, il est sûrement dans sa chambre. Regardez vous-mêmes !

QUESTION

Qu'est-ce qui indique que David a vu juste ?

13

UN MALADE IMAGINAIRE

Après un coup d'œil à travers la serrure, Caroline et Valentin tombèrent d'accord avec David. Le sablier sur la table de travail avait été retourné il y avait à peine quelques minutes de cela, probablement peu de temps avant leur arrivée ! Décidément, le silence du père Anselme était hautement inquiétant. Les trois amis coururent à l'office où le frère Augustin préparait le repas du soir. Il abandonna aussitôt ses casseroles et vint ouvrir la porte de la chambre du père Anselme.

– Juste Ciel ! s'exclama-t-il en apercevant le pauvre père bâillonné et attaché à une chaise dans un coin de la pièce. Qui a pu faire ça ?

– C'est bien ce que je voudrais savoir, tonna le père Anselme dès qu'il eut retrouvé l'usage de la parole. Je venais de retourner le sablier, qui me sert de mesure pour ma sieste, lorsqu'un individu masqué, revêtu d'une robe de bure, est entré et s'est rué sur moi. Il a voulu savoir où nous détenions son complice, j'ai refusé de répondre. C'est alors qu'il m'a assené un grand coup de poing avant de me ficeler sur cette chaise. Gare à lui quand je l'aurai devant moi !

La chasse au deuxième intrus commença. Sur ordre du père Anselme, le frère Augustin ne lâchait pas les Malice et Réglisse d'une semelle. Lorsque les trois amis se dirigèrent vers l'ancienne salle d'hôpital de l'abbaye, il les rappela :

– Peine perdue, dit-il, elle n'est plus en service depuis bien longtemps.

Poussé par sa curiosité, Valentin monta à l'étage au-dessus où une petite fenêtre du couloir offrait une vue plongeante sur l'immense salle.

– Peine pas perdue, répliqua-t-il avec un large sourire à l'adresse du frère Augustin. Quelqu'un est venu y séjourner récemment.

QUESTION

À quoi Valentin fait-il allusion ?

14

UN COUP SAIGNANT

Par la fenêtre du couloir, Valentin avait aperçu sur une table de nuit au fond à gauche une bouteille et un verre rempli à moitié. C'est là probablement que le voleur du calice s'était caché avant de passer à l'action. Mais où était son complice qui le recherchait pour le libérer ?
David voulut en avoir le cœur net. Il fonça vers la salle, s'apprêtait à ouvrir la porte quand vlan ! il la reçut en pleine figure. Alors qu'il s'écroulait avec un cri de douleur, un homme en robe de bure sortit de la salle et fila à toute allure vers l'issue de secours, faisant au passage un méchant croche-pied au frère Augustin qui tomba à son tour. Valentin prodigua les premiers secours. Il passa son mouchoir à David qui saignait abondamment du nez, puis il aida le frère Augustin à se relever.
– Bépêchez-bous, il paut l'appraper ! hurla David à travers le mouchoir qui s'imbibait rapidement de son sang.
– Surtout ne bouge pas et reste couché ! ordonna le frère Augustin. Cet homme m'a l'air de très bien connaître les lieux. Inutile de lui courir après. Il vaudrait mieux lui tendre un piège.
– Pas la peine, dit Caroline en lui tendant un bout de papier qu'elle venait de ramasser par terre. L'homme s'est piégé lui-même en perdant ce papier. Il suffira de faire un tour au cirque demain après-midi. Ça vous dit, les copains ?
– Et comment ! gloussa Valentin. Je suis sûr que je le reconnaîtrai, même sans avoir vu son visage. Il y a des détails qui ne trompent pas.
Le lendemain, les Malice et Réglisse assistèrent à la matinée du cirque Calinero. En plein milieu de la parade des éléphants, Valentin poussa ses copains du coude. Il avait repéré le complice du voleur du calice !

QUESTION

À quel détail Valentin a-t-il reconnu l'homme sous le chapiteau ?

. . . .

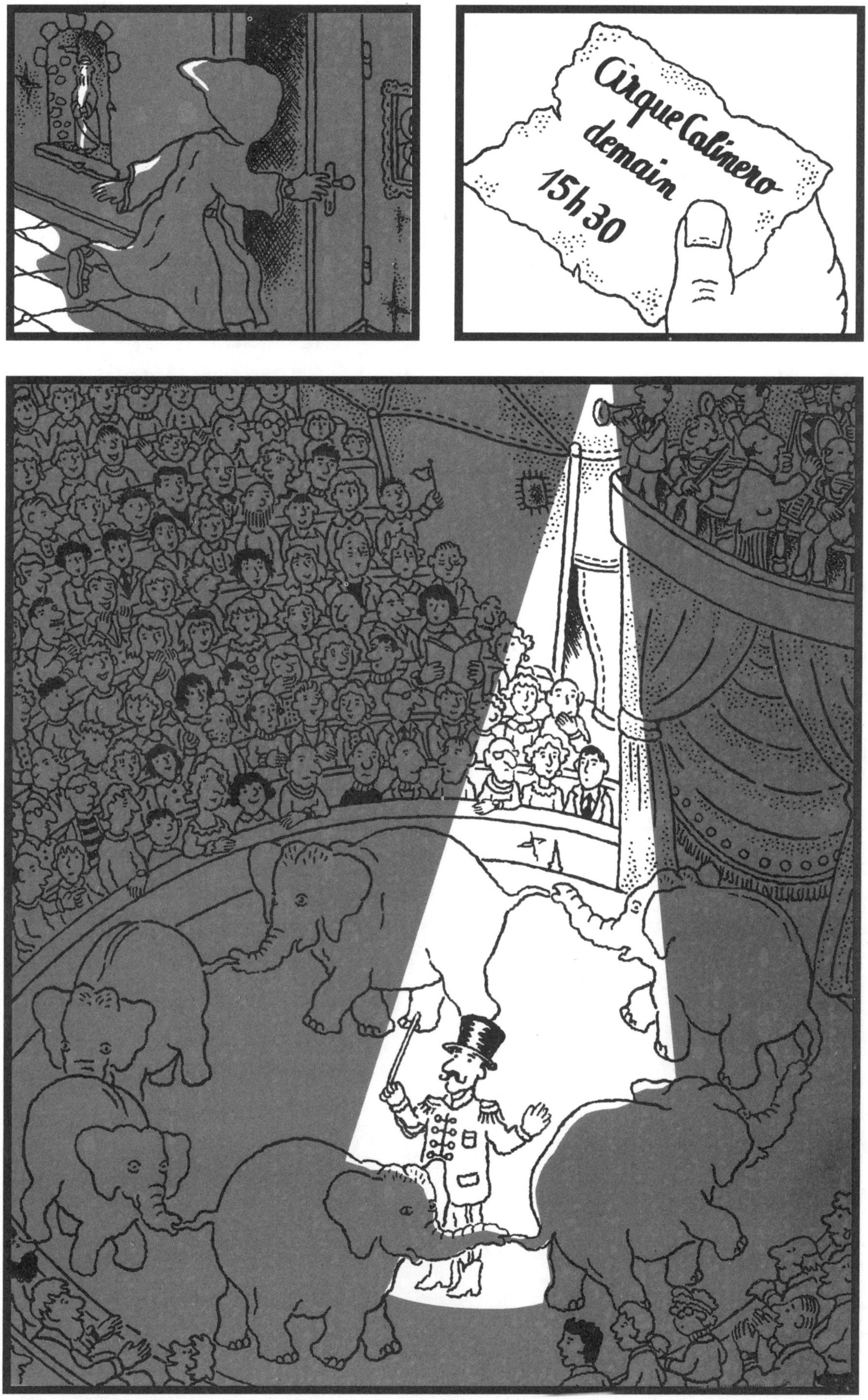
Cirque Calinero
demain
15h30

15

C'EST DU PROPRE !

L'homme était bien là, assis au troisième rang, dans l'ombre du puissant projecteur qui éclairait l'arène. Il dissimulait son visage derrière le programme. Si Valentin l'avait reconnu, c'est parce que l'homme portait sa montre non pas au poignet gauche comme la plupart des gens, mais au poignet droit. Ce détail l'avait frappé chez l'inconnu en robe de bure qui, la veille à l'abbaye, s'était enfui en laissant sur le carreau David et le frère Augustin.
Caroline réfléchit à voix haute :
– Il a probablement rendez-vous avec quelqu'un, mais avec qui ? Ça ne peut pas être le voleur, vu qu'Antoine l'a arrêté…
– Alors peut-être le commanditaire du vol, suggéra David. Vous vous souvenez de ce que le père Anselme nous a expliqué ? Il faut prévenir Antoine et Francis et ne pas perdre notre homme de vue.
C'était, hélas, plus facile à dire qu'à faire. Les trois amis eurent beau se cacher près de la sortie, le suspect réussit à se fondre dans la foule qui quittait le chapiteau et à leur échapper une fois de plus. Après avoir vainement inspecté les alentours, ils se résignaient déjà à battre en retraite lorsque le visage de David s'illumina soudain.
– Le voilà ! murmura-t-il entre les dents en indiquant l'homme d'un mouvement de tête. C'est incroyable, il a encore changé de panoplie. Ne le lâchons plus, j'ai un petit compte personnel à régler avec lui.

QUESTION

Sous quel aspect le suspect apparaît-il cette fois-ci ?

16

À BOUT DE SOUFFLE

En voyant les Malice et Réglisse se diriger vers lui, le faux balayeur mit son balai sous le bras, saisit son bac à ordures sur roulettes et prit la poudre d'escampette.
– Quel chameau ! s'écria Caro à l'adresse de ce dernier qui barrait nonchalamment la route aux trois amis et leur fit perdre de précieuses secondes.
Quand ils atteignirent enfin le boulevard du Champ-de-Foire, ils virent le balayeur tourner le coin de la rue Pavée, traînant derrière lui son bac.
– Allez, un petit sprint ! lança David, sinon il va encore nous semer.
– Ça ne risque rien, dit Valentin, la rue Pavée est une impasse.
La rue était effectivement sans issue, mais lorsque les trois amis y débouchèrent, ils n'y trouvèrent que le bac à ordures abandonné sous un escalier et Robinson qui les avait précédés. Du balayeur, nulle trace. Soudain, le cacatoès poussa un cri strident suivi d'un véritable tintamarre. Caro, David et Valentin sursautèrent, se retournèrent vers le porche. Fausse alerte ! C'était un chat qui, voulant attraper l'oiseau, avait renversé des bouteilles. Or, loin de se calmer, Robinson poussa un autre cri en battant vigoureusement des ailes. David l'observa attentivement, puis il se tourna vers ses amis :
– Robinson sait où se cache le fugitif. Cette fois-ci, nous le tenons !

QUESTION

Où faut-il chercher le faux balayeur ?

12

12

17

UN ANGE QUI N'EST PAS TOMBÉ DU CIEL

David fit signe à Caro et Valentin de le suivre. Ils se plantèrent devant la cachette présumée et se mirent à compter les secondes. L'homme n'allait pas y tenir beaucoup plus longtemps. En effet, exactement vingt-neuf secondes plus tard, la tête violacée et dégoulinante du balayeur surgit du tonneau. À bout de souffle, il recracha dans un grand jet toute l'eau qu'il avait avalée. Valentin la reçut en pleine figure et se mit à hurler de dégoût. C'en était trop ! Avant que l'homme n'ait eu le temps de reprendre haleine, David avait attrapé le balai dont les brosses étaient chargées des effluves nauséabondes de la cage aux fauves pour lui barbouiller copieusement le visage.
À leur arrivée, Francis et Antoine, l'officier de police, se trouvèrent face à un individu livide qui claquait des dents :
– De grâce, les implora-t-il, débarrassez-moi de ces sales mouflets qui en veulent à ma vie !
Mis au sec, l'homme, qui dit se nommer Pascal Vayre, protesta de son innocence. On lui présenta sa poubelle où se trouvaient dissimulés bon nombre d'objets précieux. Il se contenta de hausser les épaules :
– Je suis balayeur, et je ramasse ce que je vois traîner, y compris des tas de vieilleries. C'est mon métier qui veut ça.
Devant tant d'effronterie, Valentin décida d'y aller au bluff. Il repêcha délicatement la statuette d'un angelot baroque du bac.
– Vous balayez large, à ce qu'il faut croire, même jusqu'au fond de l'église de l'abbaye de la Pierre-aux-Corbeaux.
Valentin avait visé juste. Pascal Vayre pâlit.

QUESTION

Qu'est-ce qui prouve que l'angelot n'était pas tombé du ciel ?

. . . .

LE CAS MAURICE

1

DE QUOI PERDRE SON LAPIN

C'est le deuxième angelot, jumeau de celui dérobé par Pascal Vayre, qui prouvait l'absence du premier avec lequel, jusque-là, il avait encadré l'orgue de l'église. Pascal Vayre et son complice passèrent aux aveux : ils alimentaient par leurs vols un important trafic d'œuvres d'art. Antoine les présenta au juge qui les écroua dans l'attente du procès. Le père Anselme confia à chacun des trois amis un petit sablier fait de sa main.

– Chaque grain de sable qui s'écoule est un instant d'éternité et de rêve, leur dit-il. Prenez-en grand soin, les enfants.

– Et revenez quand vous voudrez, ajouta le frère Augustin en leur offrant un chapelet de tartelettes aux framboises pour la route.

En prenant congé des moines de l'abbaye de la Pierre-aux-Corbeaux, les Malice et Réglisse ne se doutaient pas qu'ils allaient tout droit vers une nouvelle aventure. Elle débuta l'après-midi même au parc des expositions où se tenait le salon annuel des éleveurs de lapins de compagnie. Le concours des plus beaux spécimens venait tout juste de se terminer. Le vainqueur avait reçu le prix « Lapina », dix fois son poids en carottes ainsi qu'un abonnement d'un an à « Élever mon lapin ».

Accoudés à la balustrade du premier étage, Caroline, David et Valentin contemplaient le spectacle de la foule qui se pressait devant les cages. Valentin avait sorti ses jumelles et s'amusait à compter les charmantes boules de poils, toutes différentes les unes des autres, quand soudain, il s'exclama :

– Venez vite ! Je crois qu'une des cages a été ouverte de force !

QUESTION

De quelle cage s'agit-il ?

Ascenseur

2

UNE VICTOIRE AMÈRE

Les trois amis se lancèrent dans l'escalier, se faufilèrent entre les visiteurs, passèrent à côté du pilier de soutènement de gauche et s'arrêtèrent devant la cage 873. Caroline examina le cadenas :
– Valentin a raison, c'est un cambriolage, le cadenas a été cisaillé.
– Et le voleur a emporté le gagnant du concours, ajouta David.
– Comment tu sais ? s'étonna Valentin.
– Il suffit de savoir lire, se vanta David, et je peux même vous dire comment s'appelle le lapin.
– Je pense qu'on a trouvé, l'arrêta Caroline. Dépêchez-vous, il faut avertir le service de sécurité. Avec un peu de chance, on arrivera peut-être à empêcher le voleur de quitter l'exposition.
Aussitôt dit, aussitôt fait. Quelques instants plus tard, toutes les issues étaient bouclées et les visiteurs sortants étaient discrètement invités à bien vouloir montrer le contenu de leur sac où l'on ne trouva, bien entendu, pas la moindre patte de lapin.
– Reste à trouver le propriétaire pour lui annoncer la mauvaise nouvelle, dit David. Il faudrait le faire appeler par haut-parleur.
– Inutile, répliqua Valentin avec un large sourire. Je le vois d'ici. Il suffit d'avoir l'œil, tu sais.

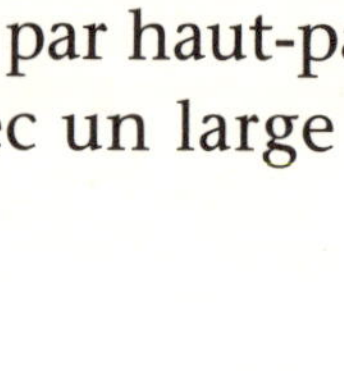

QUESTION

Où se trouve le propriétaire du lapin volé et quel est le nom de ce dernier ?

CONCOURS
LAPINA
SORTIE
Table d'honneur
1er PRIX
Maurice de la
TRÉFLIÈRE
Vends
3 lapereaux
ANGORA
Stand 117
ALIM
BIOL
SPÉCIA
LAPINS
ÉLEVER
SON LAPIN
N° SPÉCIAL

3

LA TROUVAILLE SUR LA PAILLE

Sur l'affiche qui présentait Maurice de La Tréflière, l'heureux gagnant du prix « Lapina », on pouvait distinguer clairement son propriétaire. Valentin le reconnut à ses lunettes cerclées de métal et sa généreuse moustache. Il était assis à la table d'honneur où se trouvaient réunis les éleveurs des lapins primés.
En apprenant la disparition de son cher Maurice, Sylvestre Serpolet porta la main à son cœur. Sa moustache se mit à trépigner.
– Foi d'éleveur de lapins ! tonna-t-il, si j'attrape le voleur de Maurice, je lui fais manger une botte de carottes entière, les fanes en premier !
Caroline eut soudain la vision horrible du pauvre lapin que le méchant voleur s'apprêtait à égorger pour le transformer en civet.
– Mes amis et moi ferons tout pour retrouver Maurice vivant, dit-elle.
La mine de Sylvestre Serpolet se radoucit, il poussa un soupir :
– C'est très gentil à vous, les enfants. Je ne pense pas que la vie de Maurice soit en danger. Le voleur veut probablement le revendre. Il faut savoir que mon lapin est un reproducteur hors pair qui vaut une petite fortune.
Pendant ce temps, David montrait à Valentin un bout de papier qu'il avait ramassé sur la litière de Maurice.
– Ça m'a tout l'air d'être un morceau d'étiquette arraché à une bouteille de vin, nota Valentin. Or, j'ai vu que Serpolet buvait du jus d'orange.
Il demanda à une hôtesse l'annuaire des pages jaunes et nota l'adresse de tous les marchands de vin de la ville.
Le lendemain, alors qu'ils étudiaient la vitrine du troisième marchand de vin, Valentin s'exclama :
– Beau travail, David ! On a trouvé la bonne bouteille !

QUESTION

Comment s'appelle le vin en question ?

1957
Tavel Rosé
Pouilly Fumé 7€30
ROSES
Entre Deux Mers 5€95
La Cuvée d'enfer 7€
PORTO SUPÉRIEUR
7€
GRAND PRIX DES SOMMELIERS
2003
NECTAR des SORCIÈRES
Mirabelle
Asti fumante
CRÉMANT
Rosé des Fées
Cuvée des 3K
Bandol
REIMS
VINO VERDE
12€
DOMAINE DU LAC
Cuvée du Patron
Chianti
ALCOOL de FRUITS
Rhum Blanc

4

UN LAPIN QUI NE MANQUE PAS D'AIR

Valentin se hissa sur la pointe des pieds pour voir ce que David venait de découvrir dans l'étagère derrière le marchand de vin.
– « La cuvée d'enfer », 7 euros, lut-il sur l'affichette à côté de la bouteille dont le dessin sur l'étiquette correspondait parfaitement au morceau de papier trouvé dans la cage de Maurice.
– Vous ne croyez tout de même pas que le marchand de vin soit dans le coup ! explosa Caroline qui commençait à trouver que cette histoire d'étiquette était bigrement tirée par les poils. Allez, tout le monde au « Sucrier » pour une réunion de réflexion !
Dépités, les deux garçons la suivirent en traînant des pieds. Après avoir traversé la rue devant la boutique de friandises de Francis, ils s'arrêtèrent devant une colonne Morris, attirés par l'affiche d'un film d'horreur. Pendant ce temps, Caroline avait grimpé les marches de la boutique. Impatiente, elle se retourna afin de leur dire de se dépêcher et resta bouche bée. Un détail infime venait de frapper son regard. N'en croyant pas ses yeux, elle prit les jumelles que Valentin lui avait confiées et regarda de nouveau. Non, elle ne rêvait pas ! Ce qu'elle voyait donnait raison aux deux garçons. Elle les appela, ils accoururent. Elle leur passa les jumelles, ils regardèrent à leur tour.
– Ça alors ! dit Valentin.
– C'est incroyable ! renchérit David.
– Je ne vous le fais pas dire, acquiesça Caroline.
Par le plus grand des hasards, les Malice et Réglisse venaient de retrouver la trace de Maurice.

QUESTION

Qu'est-ce que les trois amis ont découvert ?

LIBRAIRIE À LA PAGE
1892
HÔT
TI-711
SPORT
19h
ZOO
Théatre
le
Diable
Masqu
FOIRE
du LIVRE
CINEMA
GLORIA
PERDU
Tel. 5112
CIRQU
GALERI
P. Poth
125
DY-TL
1811

5

CROQUÉE !

Parmi les marchandises chargées sur la plate-forme du camion de livraison qui stationnait de l'autre côté de la rue, Caro avait repéré un grand carton qui portait l'étiquette « La cuvée d'enfer ». Or ce n'était pas tout ! En y regardant de près, à travers les jumelles, elle avait aperçu qu'on avait pratiqué des trous dans le haut du carton, sûrement pour permettre à Maurice de respirer. Il n'y avait plus un instant à perdre ! Les trois amis s'élançaient pour retraverser la rue lorsque le feu passa au rouge, relâchant un flot de voitures. Cloués sur le bord du trottoir, ils virent le chauffeur du camion se saisir du gros carton et l'emporter avec lui. L'homme disparut derrière la porte d'un immeuble. Le feu passa au vert. Les Malice et Réglisse démarrèrent en trombe. Ils poussèrent la porte de l'immeuble.

– Et maintenant ? chuchota Valentin. On ne va quand même pas aller sonner chez tous les habitants. Hé oh, David, qu'est-ce que tu fais ?

David avait découvert une échelle dans un coin de la cour et il fit signe aux deux autres de l'aider à la dresser contre le mur. Ils l'escaladèrent, puis se penchèrent vers la fenêtre du premier étage à droite. Derrière la vitre, un dentiste était en plein travail. Ils se penchèrent vers la gauche et virent l'intérieur d'un appartement.

– Voulez-vous descendre de là-haut, espèces de vauriens ! leur cria la gardienne qui sortait de sa loge en agitant un grand balai.

À toute vitesse, les Malice et Réglisse se laissèrent dégringoler de l'échelle et se sauvèrent dans la rue. Ce qu'ils avaient vu leur suffisait : ils avaient retrouvé la trace de Maurice.

QUESTION

Qu'est-ce qui prouve que le lapin ne s'est pas laissé abattre ?

....

6

UN HOMME FAIT SON MARCHÉ

– Ouf ! On l'a échappé belle ! soupira Valentin, quand les trois amis se furent assurés que la gardienne ne les poursuivait pas.
– Résumons, dit Caroline. Maurice se trouve prisonnier dans l'appartement que nous avons vu à travers la fenêtre. La preuve : une carotte largement grignotée sur le sol de la cuisine. Nous savons donc que le voleur habite cet imm...
Elle se tut. La porte de l'immeuble venait de s'ouvrir. Un homme coiffé d'un chapeau sortit dans la rue. De la main gauche, il tenait un panier à provisions, de la droite le carton à vin ! Il se dirigea vers la benne à ordures au bout de la rue et hop ! y projeta le carton, puis il prit la direction du centre ville.
David, Valentin et Caroline le suivirent à quelque distance en prenant soin de ne pas se faire repérer. L'homme entra dans un magasin de fournitures de sport. En s'approchant de la vitrine, les trois amis le virent choisir un sac à dos, le payer et le mettre au fond de son panier. Puis il reprit son chemin qui le mena au marché qui se tenait sur la place de l'hôtel de ville. C'est là que les Malice et Réglisse le perdirent de vue. Pour se donner plus de chances de le retrouver, ils décidèrent de se séparer et se fixèrent un rendez-vous cinq minutes plus tard au même endroit : le stand de la marchande de fleurs.
– Je sais où il est, jubila Valentin en revenant de son tour d'exploration. Venez vite, ça va être à son tour !

QUESTION

Où se trouve l'homme au chapeau ?

Dentiste

La Baguette Magique
Friandises
LA MARÉE
FRUITS & LÉGUMES
Aux Bons Fromages
PRALINES
VINS & LIQUEURS
Chez Narcisse

7

ÇA BOUGE !

– Voici vos carottes, monsieur, dit le marchand du stand de fruits et légumes à l'homme qui lui tendait son panier. Et avec ça ?
– C'est tout, répondit l'autre sèchement, puis il paya et quitta le marché.
Les Malice et Réglisse jugèrent plus prudent de ne pas le suivre sur son chemin de retour. Ils prirent donc un autre itinéraire et se dépêchèrent d'arriver avant lui à proximité de son immeuble. Ils se plantèrent devant la boutique de Francis en feignant de s'intéresser aux bocaux de bonbons exposés dans la vitrine.
– Attention, le voilà ! murmura soudain Caro. Il entre dans l'immeuble.
– Super ! ronchonna Valentin, ça nous avance à quoi ?
Question pertinente. Personne n'y répondit. Les Malice et Réglisse étaient à court d'idées et leur enquête n'avançait pas.
– Attention, le revoilà, avec son sac à dos ! s'écria subitement David.
Les trois amis eurent tout juste le temps de traverser la rue pour attraper l'autobus dans lequel l'homme venait de monter. Avec son sac à dos qui bougeait bizarrement ! Les arrêts défilèrent, l'homme descendit à l'avant-dernier, près d'une ferme isolée à l'orée de la forêt. Caroline et Valentin s'apprêtaient à le suivre, David les retint. Ils comprirent, David avait raison. Ils continuèrent jusqu'au terminus, puis ils remontèrent la route jusqu'à la ferme. Ils se hissèrent sur le conteneur d'ordures devant la clôture qui entourait le domaine.
– Il n'y a pas un chat, bougonna Valentin.
– Des chats, peut-être pas, dit Caroline, mais des lapins à coup sûr !

QUESTION

Qu'est-ce qui prouve la présence de lapins ?

52
G. LOSEILLE
entrée á
droite

8

LAPIN AUX PETITS POIS

Au fond de la ferme mûrissaient au soleil deux belles citrouilles. L'une d'elles avait été grignotée à la base : travail de lapin gourmand, très certainement !
– D'accord, admit Valentin à la vue de la citrouille creusée, mais des lapins dans une ferme, ça n'a rien d'extraordinaire, vous êtes bien d'accord ? Et ce n'est pas parce qu'il y a des lapins qu'on peut en conclure que l'homme a amené Maurice ici. D'ailleurs où sont-ils, ces fameux lapins ? Je n'en vois pas la queue d'un. Hé oh ! Attendez-moi !
Valentin se mit à courir après David et Caroline qui l'avaient laissé planté là. Il les rejoignit alors qu'ils venaient enfin de découvrir un trou dans une des planches de la clôture. David passa la tête. En apercevant la joyeuse foule de lapins qui gambadaient dans l'arrière-cour, il se mit à glousser.
– Viens voir, Valentin, je crois que tu ne vas pas être déçu.
Valentin se hissa sur la plante des pieds et regarda à son tour.
– Ça alors ! Je n'en ai jamais vu autant ! Qu'est-ce qu'ils sont mignons ! Et tous différents ! Tu as la photo sur toi, David ?
En guise de réponse, David sortit de sa poche l'article du journal qui relatait le vol de Maurice et qui montrait une photo du lapin primé.
Les trois amis étudièrent attentivement la photo. Ils scrutèrent les lapins un par un, puis ils tombèrent d'accord : Maurice était bien là !

QUESTION

Où se trouve le lapin recherché ?

Courrier du Soir
Où est Maurice de La Tréflière?
Grand gagnant du prix
concours des lapins
et de compagnie, Maurice
La Tréflière a disparu en
plein salon. Le
fermant sa cage
été cisaillé. Son
priétaire, l'éleveur
Sylvestre
est
Il promet
forte
pense à
qui
retrouver son lauréat. La police
alertée, ne privilégie
piste en particulier.
Photo:

9

TOUT BIEN PESÉ...

Trois taches noires de chaque côté, le bout des oreilles et de la queue également foncé : le lapin qui correspondait à la photo du journal était assis au fond de la cour à droite, près de la gouttière.
– On va voir s'il répond à son nom, dit Valentin, et il l'appela à mi-voix.
Maurice dressa ses longues oreilles, tourna la tête vers Valentin – et tous les autres lapins avec lui !
– Gagné ! s'esclaffa Caro en le gratifiant d'une tape amicale dans le dos.
David se rembrunit :
– Au lieu de faire les imbéciles, vous feriez mieux de vous demander comment on peut sortir Maurice de là.
– En allant le chercher, bonne blague, dit Caroline.
Elle se mit à escalader la clôture, suivie par les deux garçons.
Sous l'œil impavide des lapins, ils se laissèrent tomber dans l'herbe de l'autre côté. Un coup d'œil circulaire pour s'assurer que personne ne les avait vus, et ils avancèrent prudemment pour encercler le lapin kidnappé. Maurice les regardait sans sourciller. Caroline tendit les bras pour l'attraper quand il lui fila entre les jambes. En trois sauts, il avait disparu dans la grange.
– Pour le retrouver dans ce désordre, bonjour ! soupira David.
– Chut ! fit Valentin, j'ai entendu des bruits de pas dehors.
Ils se cachèrent derrière des sacs de pommes de terre. Les pas s'approchaient de la grange. Valentin chuchota, tout excité :
– Je sais où se cache Maurice. Regardez bien et vous trouverez !

QUESTION

Quels détails indiquent la cachette du lapin ?

10

LOSEILLE N'EST PAS DUR DE LA FEUILLE

Caroline eut beau regarder partout, elle ne voyait pas le moindre poil de moustache du lapin fugueur. Maurice était tapi au fond de l'une des deux coupes ventrues de la vieille balance sur la table au fond à gauche, près de l'entrée de la grange. Valentin avait aperçu le bout de ses oreilles dépassant du haut et le poids du lapin avait fait pencher le fléau.

– Atchoum !!!

Les Malice et Réglisse sursautèrent. Devant la grange, quelqu'un venait d'éternuer bruyamment, puis s'éloignait. Les trois amis se faufilèrent jusqu'à l'entrée. L'homme qui rangeait son mouchoir dans sa poche était...

– Loseille, s'exclama David qui se rappelait le nom écrit sur le carton cloué à même la clôture de la ferme. Chut ! Robinson ! Tais-toi !

Le cacatoès poussait des cris stridents en poursuivant Maurice qui s'était échappé de la balance et courait rejoindre ses camarades.

– On ne le rattrapera pas, dit Caroline, il est trop malin.

– Et si on prévenait Francis ? suggéra Valentin.

– Pour qu'il dise quoi à Loseille ? objecta David. Qu'on s'est introduit en fraude dans sa ferme ? Non, il vaut mieux qu'on continue l'enquête tout seuls. Si Loseille a planqué Maurice ici, c'est probablement en attendant de le monnayer.

– Ce qui voudrait dire qu'il cherche un client ? demanda Valentin.

– Ou qu'il en a déjà trouvé un, déclara Caroline. En tout cas, Loseille est en pourparlers, c'est moi qui vous le dis.

QUESTION

À quoi le dénommé Loseille est-il occupé à ce moment précis ?

11

À L'OMBRE DU ROCHER AUX OURS

David et Valentin suivirent le regard de Caroline. En effet, le combiné du téléphone était décroché. À qui Loseille parlait-il ?
– Ouf ! Il raccroche, soupira Valentin, et il se frotte les mains. Il a dû recevoir une bonne nouvelle. Il met son chapeau… Attention ! Planquez-vous !
Les Malice et Réglisse plongèrent derrière un tas de bois. Sans se douter de leur présence, Loseille passa à quelques centimètres d'eux. Il portait un panier rempli de feuilles de choux et sifflotait en se dirigeant vers l'arrière-cour.
– On y va ? fit David, c'est le moment ou jamais.
Ils passèrent le seuil de la maison, se retrouvèrent dans un couloir.
– Ça doit être la porte de droite, dit Caroline très justement.
Sur le mur à côté du téléphone, ils aperçurent une note, tracée à la main : « R.V. 17 h, parc animalier. » Valentin regarda sa montre :
– 16 heures 43. Ce qui veut dire que le rendez-vous est pour demain.
Le lendemain, peu avant 17 heures, les Malice et Réglisse franchirent le portail du parc animalier. En compagnie de Francis et d'Antoine à qui ils avaient fait le récit de leur enquête.
– Pas très réglo, votre visite de la ferme, avait grommelé Antoine. Je ne voudrais pas que ça se reproduise, compris ?
Ils s'arrêtèrent en haut du petit promontoire qui surplombait le bassin des animaux marins. Francis se tourna vers les trois amis :
– Vous avez une idée de l'endroit où Loseille compte rencontrer son client ?
– Euh… pas vraiment, bredouilla David.
– Ils y sont déjà tous les deux ! s'écria alors Caroline. Regardez l'homme à côté de Loseille ! Vous le reconnaissez ?

QUESTION

Avec qui s'entretient le voleur de Maurice ?

R.V. 17h
parc animalier
ACCUEIL

12

LES CAROTTES SONT CUITES !

Les Malice et Réglisse n'en revenaient pas : le chauve à la moustache abondante qu'ils voyaient en compagnie de Loseille derrière le rocher aux ours n'était nul autre que Sylvestre Serpolet, le propriétaire du lapin primé !
– C'est du propre ! s'emporta Valentin, quel sale menteur, ce Serpolet. Vous vous souvenez du cinéma qu'il nous a fait après la disparition de Maurice ? Venez, on va le lui faire payer !
Suivis de Francis et d'Antoine, les trois amis s'approchèrent à pas de loup et se cachèrent derrière le rocher aux ours. La conversation entre Loseille et Serpolet leur parvint parfaitement. Ils étaient bel et bien complices ! Le vol avait été une mise en scène orchestrée par Serpolet dans le but de toucher l'argent de l'assurance, une très forte somme.
– Vous avez fait du beau travail, dit-il à Loseille, je suis content de vous. Et n'oubliez pas ! Dès que Maurice sera de nouveau papa, vous m'apporterez les trois plus beaux petits.
– Ça marche, fit Loseille en prenant des mains de Serpolet la mallette que celui-ci lui tendait. Allez, faut que je me sauve, au revoir !
Les Malice et Réglisse bondirent de leur cachette, mais l'homme devait avoir senti venir le danger et s'enfuit à toutes jambes. Pendant qu'Antoine invitait Serpolet à bien vouloir le suivre au commissariat, David, Caroline, Valentin et Francis couraient après le voleur. Ils le retrouvèrent, haut perché, derrière le bâtiment des éléphants. Loseille avait pris soin de se débarrasser de la mallette compromettante qui contenait probablement l'argent reçu pour son méfait. C'est Valentin qui la trouva.

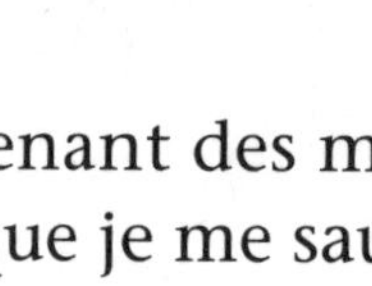

QUESTION

Où le voleur a-t-il caché la mallette ?

1909
Parc Animalier
AQUARIUM
ÉLÉPHANTS

LES FAUX AIRS DE LA CANTATRICE

1

DE QUOI COUPER LE SOUFFLE !

La mallette que Loseille avait glissée dans l'enclos des éléphants avant de monter sur l'arbre était remplie de rouleaux de 20 centimes d'euro.
– Pas très pratiques à écouler, mais moins voyants que des billets qui portent tous un numéro, expliqua le policier de service au commissariat à qui les Malice et Réglisse remirent leur trouvaille.
Pour les récompenser, il leur tendit une enveloppe :
– Ce sont trois entrées pour un spectacle demain soir. Je ne peux malheureusement pas y aller parce que je serai de service, alors autant vous en faire profiter.
Ils le remercièrent chaudement et ouvrirent l'enveloppe. Déception !
– « Récital d'airs d'opéra par Arabella Ducoffre, soprano », lut David.
– Retransmis à la télévision ! dit fièrement le policier. Arabella est une enfant du pays, on était à la maternelle ensemble. C'est une grande cantatrice maintenant. Elle a fait une carrière internationale, mais elle ne m'a jamais oublié.
– Moi, aller écouter des airs d'opéra, ça ne me chante pas vraiment, dit Caroline, une fois qu'ils furent sortis du commissariat.
– Bonjour l'esprit de curiosité, lui lança Valentin.
Le lendemain soir, ils se retrouvèrent tous les trois au théâtre municipal. Le rideau se leva, le pianiste fit perler les notes du prélude de l'air du « Rossignol malade d'amour », et Arabella Ducoffre attaqua. À peine eut-elle poussé les premières trilles que l'ingénieur du son sortit de derrière son pupitre et courut vers la scène en s'arrachant les cheveux. En un coup d'œil, David comprit pourquoi.
– Quelqu'un cherche à saboter le spectacle ! dit-il à Valentin.

QUESTION

Qu'est-ce que David a aperçu ?

2

COUCOU, DORÉMI !

Le câble du microphone avait été sectionné par une main malveillante. Arabella Ducoffre ne se laissa pas démonter pour autant :
– Ma voix n'a pas besoin d'artifices, déclara-t-elle. Reprenons, il faut que le spectacle continue, je le dois à mon public.
Le public ému lui en sut gré, l'applaudissant à tout rompre à la fin du récital. L'incident du micro saboté semblait oublié, mais pas pour les Malice et Réglisse ! Ils décidèrent de rendre visite à la cantatrice dans sa maison de campagne le lendemain après-midi. Le prétexte était tout trouvé : ils allaient lui demander un entretien pour le journal de leur collège. Ils garèrent leurs vélos et sonnèrent à la porte. Le gardien leur ouvrit, la mine défaite.
– Mes pauvres enfants, dit-il, tout tourneboulé, Mme Ducoffre a disparu. Mais entrez donc que je vous raconte !
Ils les fit avancer jusqu'à la véranda donnant sur le jardin.
– À midi et demi, je suis venu lui apporter les journaux. Les critiques du récital étaient dithyrambiques. J'ai trouvé la porte de la véranda grande ouverte. Ça ne lui ressemble pas, à Mme Ducoffre, elle qui ne supporte pas le moindre courant d'air. Je suis très inquiet, vous savez, surtout que Dorémi, son perroquet, ne donne pas signe de vie non plus. Pourtant, il ne la quitte jamais quand elle est là. Mais bon sang ! Qu'est-ce qu'il a, ton oiseau, à faire tout ce bruit ?
La question était dirigée à David qui avait Robinson sur son épaule.
– Il fait son enquête, sourit David, et je pense qu'il a trouvé Dorémi.

QUESTION

Où se cache le perroquet d'Arabella Ducoffre ?

3

L'ACCENT DU PERROQUET

Robinson s'envola pour se poser au pied de l'arrosoir à côté du banc. Il échangea quelques aimables mots d'oiseau avec Dorémi qui finit par sortir de sa cachette. M. Dufoyer, le gardien, prépara deux grands bols de cacahuètes et de fruits secs et les appela. Ils vinrent se poser sur le perchoir de Dorémi et se mirent à picorer gaiement.
– Mon brave petit Dorémi, je suis content de te retrouver, dit le gardien Dufoyer en lui caressant la tête. Et ta maîtresse ? Tu veux bien nous dire où elle est ?
– Parce qu'il parle ? demanda Caroline.
En réponse, Dorémi redressa la tête, ouvrit grand le bec et se mit à caqueter d'une voix de crécelle :
– SÉLÉKA FÉKIFÉ BOBO SÉLÉKA FÉKIFÉ BOBO…
– Articule, Dorémi ! s'exclama Dufoyer en se bouchant les oreilles, on ne comprend rien à ce que tu dis.
Vexé, le perroquet ferma le bec.
– Recommence, Dorémi, lui demanda David en sortant son bloc-notes.
Le perroquet ne se fit pas prier, David nota tant bien que mal ce qu'il entendait.
– J'ai trouvé ! s'écria-t-il tout à coup.

QUESTION

Quel message Dorémi essaie-t-il de faire passer ?

Sé Lé Ka
Fé Ki Fé
Bo Bo

4

À DORMIR DEBOUT

– C'est le café qui fait bobo, répéta David, mais de quel café tu veux parler, Dorémi ?
– Probablement de celui-ci, dit Caroline en désignant une tasse sur la table du petit déjeuner dans laquelle restait un fond de café.
Elle le huma : une odeur de café tout à fait banale. Elle y trempa un doigt, fit semblant de le porter à ses lèvres : aussitôt Dorémi se remit à caqueter.
– Je crois que nous sommes sur la bonne voie, dit-elle en versant quelques gouttes du café dans un petit flacon vide que Valentin avait ramassé derrière la porte de la véranda. Venez, on va le porter chez mon oncle pour le faire analyser.
Gaëtan Connal-Acentay était au téléphone quand les trois amis poussèrent la porte de sa pharmacie. Il leur fit signe de patienter. La conversation se prolongeait. David tira discrètement sur la manche de Caroline.
– Tu es sûre qu'on ne dérange pas ton oncle ? Autrement, on peut repasser plus tard.
– Mais non, on ne va quand même pas se sauver sans lui dire bonjour. Quant au café, pas besoin de le faire analyser. J'ai la certitude que quelqu'un y a mis quelque chose. Et je sais aussi exactement quoi.

QUESTION

Qu'a découvert Caroline ?

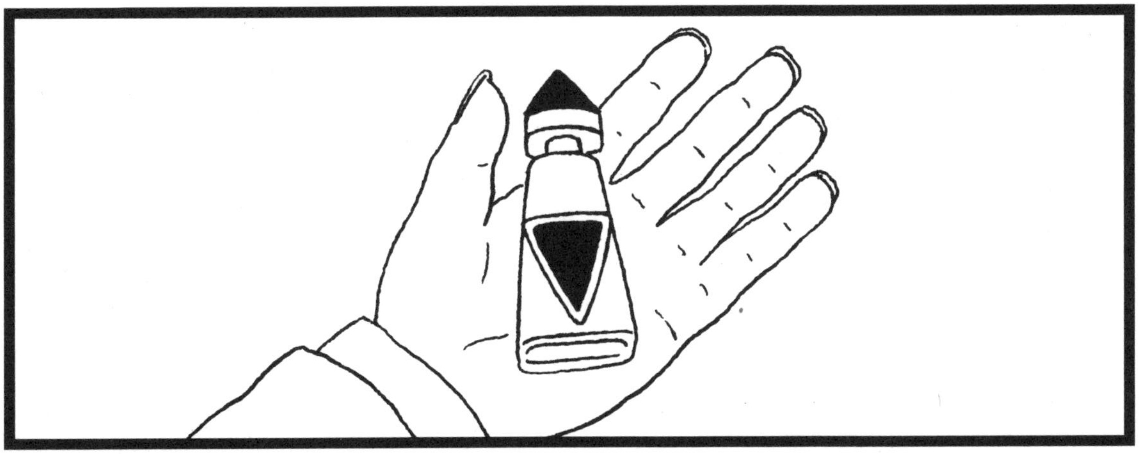

Sédatifs.
Bonbons á la menthe 0,75€
Pharmacie du LION
Gaëtan Connal-Acentay
Cachous LAJOLIE
Réglisse
BOULES de CAMPHRE
Savon
Sirop du Dr Lebaume

5

DERNIÈRES NOUVELLES

Valentin et David suivirent le regard de Caroline. En effet, le petit flacon dans l'étagère en haut à gauche et celui trouvé dans la villa de la cantatrice se ressemblaient comme deux gouttes d'eau.
– Un sédatif ? dit Valentin, c'est quoi exactement ?
– Un médicament qui calme la douleur et qui agit contre l'insomnie, répondit le pharmacien qui venait de raccrocher.
Les trois amis quittèrent la pharmacie ; ils en savaient assez.
– Quelqu'un a versé une forte dose du médicament dans le café d'Arabella Ducoffre pour la faire dormir, dit David.
– Et pour l'enlever ensuite, continua Valentin. Mais pourquoi ?
– C'est ce qu'il s'agit de trouver, dit Caro, vraisemblablement pour demander une rançon. Attendez-moi une seconde, je vais acheter le journal. Qu'est-ce qu'il t'arrive, Valentin ? Tu fais une drôle de tête.
– Elle revient.
– Qui ça ?
– La cantatrice disparue. Là, regardez ! C'est écrit en gros. Je n'y comprends plus rien.

QUESTION

Quelles sont les dernières nouvelles de la célèbre chanteuse d'opéra ?

. . . .

Aimée Lyre
Toute la Presse
Lilly aime les lilas
CINÉ Tel est pris
L'homme de l'ombre
T'Y COURS
SOLDES d'ÉTÉ
Mode
WALTER O'PHYL
NOUVEAU SPECTACLE
t.l.j. 20H
Prolongé 18 juillet
Grands crus à Petits Prix
RÉCITAL ELISA PING AU CASINO ROYAL
Prix des Places 30€
Magic Pipolino
Cirque Arc-en-ciel
MÉLISSA L'ÉTÉ À L'ALHAMBRA
Amour Toujours
G. Cry MA VIE
Où est Holly?
Cours de chant s'adresser ici
hebdo Ado
1 étoile est née
la MUSIQUE de A à Z
O comme Opéra
Mon Horoscope
le vendredi 13
Le Match
Guy Bolle
MARS
NUMÉRO SPÉCIAL
Vert Pré
COURRIER DU SOIR
Adieu à la SCALA DE MILAN
La Ducoffre rentre au pays
les toiles de l'été
OSCAR
ANNA KONDA au BoA
LÉZARD MAGAZINE
LA DÉPÊCHE
Cambriolage rocambolesque à Mirmoy-les-Flots
LE TOUR DU MONDE
Inès Perret Portrait d'1 battante
Le Messager

6

ÉTRANGE RETOUR

La nouvelle faisait la une du *Courrier du Soir* : Arabella Ducoffre abandonnait l'opéra de la Scala de Milan pour rentrer au pays. Son arrivée était annoncée pour le lendemain.

Les Malice et Réglisse étaient perplexes. Qu'est-ce qui avait poussé Arabella à lâcher une carrière internationale pour les planches du théâtre municipal ? Pourquoi avait-elle disparu brusquement de sa maison de campagne ? L'avait-on vraiment droguée et enlevée ou bien s'agissait-il d'une savante mise en scène ? Quel sac de nœuds !

Le lendemain, à l'aéroport, les trois amis se mêlaient à la foule venue accueillir la Ducoffre. Lorsqu'elle apparut enfin dans le hall du terminal 3, les flashes des photographes se mirent à crépiter, les micros se tendirent vers la diva qui fila droit vers la sortie. C'était à peine si elle s'arrêtait pour répondre aux questions des nombreux journalistes. Roland Crenoir, le jeune reporter du *Courrier du Soir,* lui courut après :

– Une dernière question, madame. Dans quel hôtel allez-vous loger ?

La Ducoffre le scruta, un sourire douceâtre se dessina sur ses lèvres :

– Ne comptez pas sur moi pour vous le dire, jeune homme.

– Mais comment on va faire pour la retrouver ? chuchota Valentin.

– Rien de plus facile, sourit Caro, parce que, moi, je sais où elle va.

QUESTION

Dans quel hôtel la diva va-t-elle descendre ?

. . . .

CAFÉTÉRIA →

HÔTEL
CAPITOLE
HÔTEL JUPITER
ARRIVEES
HÔTEL 200m → GOLIBRI
HÔTEL FERMÉ POUR TRAVAUX
HÔTEL BEL-AIR
Hôtel Odeon
TY-HN75
Hôtel Cora
ASTOR

7

AVANT ET APRÈS

Caroline avait remarqué la valise de la cantatrice que le chauffeur de l'hôtel Odéon avait déjà placée dans le coffre de sa limousine.
Les Malice et Réglisse coururent prendre le bus qui ramenait les voyageurs au centre ville et qui marqua un arrêt à deux pas de l'hôtel.
– Attention ! La voilà ! murmura David en voyant Arabella Ducoffre qui ressortait de l'établissement, pimpante et pomponnée de frais.
Ils la suivirent à travers le dédale des rues de la vieille ville où elle faisait du lèche-vitrines. Elle finit par pousser la porte du magasin d'antiquités de Marie Astictou, réputé pour ses pièces d'une qualité rare.
– Qu'est-ce qu'elle fabrique ? marmonna Valentin au bout d'une bonne demi-heure d'attente. On n'y voit rien avec tout ce remue-ménage.
Il faut dire que l'antiquaire avait entrepris de redécorer entièrement sa vitrine en changeant tous les objets de place. Elle était tout à son affaire, époussetant, astiquant, arrangeant amoureusement ses trésors. En laissant, à ce qu'il paraissait, sa cliente faire librement le tour du magasin. À la fin, la vitrine était méconnaissable. L'antiquaire s'essuya le front. Sa cliente ne semblait rien avoir trouvé à acheter et avait quitté le magasin d'un pas pressé. L'antiquaire referma la porte derrière elle, contempla sa vitrine avec satisfaction, puis parut soudain alarmée.
– Il y a de quoi ! dit David qui se rappelait parfaitement la vitrine telle qu'elle avait été avant. Il manque un objet, et c'est forcément Arabella qui l'a pris !

QUESTION

De quel objet David veut-il parler ?

. . . .

Antiquités
Marie Astictou depuis 1972

Antiquités
Marie Astictou depuis 1972

8

PREMIÈRE À GAUCHE, DEUXIÈME À DROITE

– Mais bien sûr, c'est évident ! s'écria Caroline, tu as raison, David. Il manque le flacon en cristal qui était avant sur l'étagère.
– Notre cantatrice est peut-être kleptomane, suggéra David, quelqu'un qui ne peut pas s'empêcher de voler.
– Mouais, dit Valentin en faisant la moue, et ça nous avance à quoi ?
L'enquête s'embourbait. Les Malice et Réglisse retournèrent à la maison de campagne d'Arabella Ducoffre. Volets clos. Une voisine leur apprit que le gardien Dufoyer était parti rendre visite à sa vieille mère malade.
– En emmenant le perroquet, précisa-t-elle, c'est un homme si gentil !
Deux jours plus tard, le *Courrier du Soir* publiait un article retentissant assorti d'une photo de la chanteuse d'opéra.
– « Les étranges caprices de la cantatrice – Arabella Ducoffre méconnaissable ! » lut Caroline. « Le comportement de la diva suscite l'inquiétude. Prétextant que le chocolat chaud qu'on lui avait servi aux Café des Arts ne l'était pas suffisamment, la Ducoffre s'emporta et renversa sa table. Hier, elle récidiva lors d'une dégustation à la Maison des Vignerons où elle fit rageusement tomber le présentoir des meilleurs crus, arguant que l'on avait tenté de l'empoisonner… »
Les trois amis retrouvèrent la cantatrice au théâtre municipal où un garçon lui demandait un autographe pour son père. Elle le lui donna en souriant, visiblement flattée. Valentin suivait la scène du regard quand il murmura :
– Cramponnez-vous, les amis ! Vous voulez que je vous dise ? Cette personne-là n'est pas Arabella Ducoffre, et nous en avons la preuve !

QUESTION

Qu'est-ce qui a mis Valentin sur la piste ?

. . . .

Program me
de la sa son
Carmen complet
echerchons
figurants
et
Eclairagistes
Contacter
la
Direction
Entrée des Artistes
concert
du
vendredi
ANNULÉ
Courrier du Soir

9

CHERCHEZ L'INTRUSE !

Arabella Ducoffre était gauchère, la photo sur le journal le montrait clairement. Or, la femme en face signait de la main droite.
– Ça alors ! Un sosie ! chuchota Caro, et on s'est laissé berner !
– Résumons, dit David. Sachant que cette personne n'est pas Arabella Ducoffre mais un sosie qui lui ressemble à s'y méprendre, nous pouvons en conclure que la vraie Arabella a bel et bien disparu.
– J'admire ton sens de la déduction, se moqua gentiment Valentin. Non, mais sérieusement, qu'est-ce qu'on fait maintenant ? On va chercher Antoine ? Il serait peut-être temps que la police se mêle de cette histoire, vous ne trouvez pas ?
– Attendons demain, proposa David qui n'avait pas envie d'abandonner si vite la partie.
Il était bien inspiré, car le lendemain, le *Courrier du Soir* publia, sous la plume de Roland Crenoir, un dossier abondamment illustré sur les esclandres d'Arabella Ducoffre. On pouvait y lire également que la voix de la diva avait perdu de son éclat.
– Et pour cause, vu que ce n'est pas la bonne ! dit Caroline qui s'était mise à découper le dossier. Venez voir, les garçons ! Il n'y a rien qui vous frappe ?
Piqués au vif, Valentin et David se penchèrent par-dessus son épaule pour étudier les différents morceaux. Tout à coup, Valentin s'exclama :
– Ça alors ! On ne voit qu'elle ! Ça n'est sûrement pas un hasard !

QUESTION

Quelle découverte stupéfiante Valentin vient-il de faire ?

. . . .

capricieuse
tonnée
MAISON DES
VIGNERONS
La diva A
l'escland
casse tre
important
Les étranges
caprices de la
grande canta
Arabella Duco
méconnaissab
Le comportement
la diva suscite l'inq
étude.Prétextant q
le chocolat chaud se
vi -au café des Arts
l'était pas suffisam-
ment, la Ducoffre
s'emporta et renver
sa table. Hier, elle
récidiva lors d'une
dégustation à la Mai-
son des Vignerons où
elle fit rageusement
tomber le présentoir
des meilleurs crus,
arguant que l'on avait
tenté de l'empoison-
ner....
to
Les
peu
leurs
surpri
se dem
Après q
incompre
hensibles
prochaine
le public ah
On peut se p
manque de so
Quant au piani
Arabella Ducoff
Une nouvelle fois, Arabella Ducoffre
a créé la stupéfaction hier soir! Au
lieu d'éxécuter un forilège d'airs
d'opéra célèbres de son répertoire,
la diva a cédé à une lubie soudaine
en entonnant des chansons enfantines
dont "Une poule sur un mur" et "Dans
la forêt profonde" et en invitant
la salle à chanter avec elle.
Que l'on imagine la st
faction des spect
manes!
Le public médusé n'a pas manqué
d'exprimer son étonnement devant
ce changement de programme ima-
giné par la diva qui décidément n'en
fait qu'à sa tête. Son comportement
paraît d'autant plus troublant que
Arabella Ducoffre jouit d'une
réputation professionnelle
irréprochable, exempte du
moindre caprice. Toute
carrière la montre souci-
son art et respectueu-
ublic. Quelle mouche
piqué la Ducoffre
ur brusquer ainsi
ses spectateurs?
rait-ce la peur
u déclin de sa
oix? On est
droit de se
deman
der.
ntre Franc Ourroux
ce de la chanteu
A la réception donnée en l'
la célèbre cantatrice
surprit l'assistan
esclandre
stupe

10

LA FEMME DANS L'OMBRE

Qui était la femme en noir qui figurait sur chacune des sept photos ? Les Malice et Réglisse appelèrent Roland Crenoir au journal pour lui poser la question. Sa réponse ne manqua pas de les intriguer :
– Il s'agit d'Huguette Apens, l'ancienne secrétaire et maquilleuse de la Ducoffre, qui l'a congédiée il y a quelque temps. On dit qu'Huguette avait les dents un peu longues. Depuis, elle travaille pour une autre chanteuse, une dénommée Jessica Ceyrol, une vraie scie, à ce qu'il paraît. Excusez-moi, je dois vous laisser maintenant, je pars en reportage. Merci d'être des lecteurs aussi attentifs, ça fait plaisir.
David jubilait, Caroline exultait, Valentin trépignait d'impatience :
– Venez, on va aller démasquer la maquilleuse. C'est elle qui tire les ficelles dans cette histoire, vous êtes bien d'accord ?
Les trois amis coururent à l'hôtel Odéon et demandèrent à la réception si une Mme Huguette Apens y logeait.
– Notre établissement ne fournit aucun renseignement sur sa clientèle, les informa le réceptionniste en les prenant de haut. Au revoir !
Là-dessus, il se retourna pour répondre au téléphone.
– Huguette séjourne ici, chuchota David, je sais même son numéro de chambre. Venez, on va prendre l'ascenseur. Avec un peu de chance, on pourra même inspecter sa chambre en son absence.

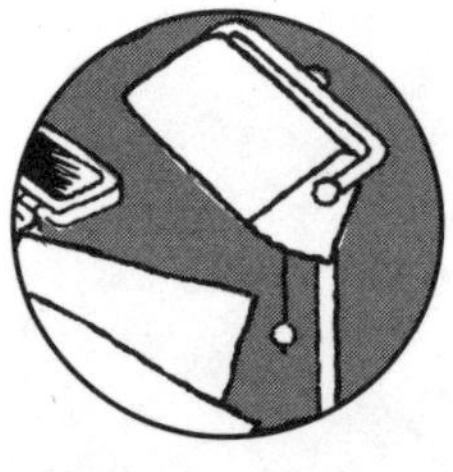

QUESTION

Quel est le numéro de chambre d'Huguette Apens ?

....

Registre
Mme
É. Party
Monsieur

11

EFFABAL NOTSAG

David avait aperçu une enveloppe adressée à H. Apens dans l'un des casiers de la deuxième rangée en partant du bas. Et la clé de la chambre 217 était posée sur le comptoir, ce qui prouvait qu'Huguette était sortie. Les Malice et Réglisse prirent l'ascenseur jusqu'au deuxième étage. Et ils eurent de la chance ! La femme de chambre venait de sortir de la chambre 217, laissant la porte ouverte. Probablement pour remplacer les serviettes de bain.

– Dépêchez-vous d'aller jeter un coup d'œil, dit Valentin, je reste ici et je surveille. Faites vite, il ne faut pas qu'on nous attrape !

En marchant sur la pointe des pieds, David et Caro se glissèrent dans la chambre. Pour chercher quoi exactement ? Ils l'ignoraient. De plus, ils se sentaient mal à l'aise. S'introduire chez quelqu'un, au seul motif que la personne leur paraissait suspecte, ils n'en avaient aucun droit. Ils ne touchèrent à rien, laissant juste promener leur regard. Qui tomba sur une carte de visite étrange, marque-page d'un livre sur la table de nuit.

– EFFABAL NOTSAG, lut Caroline, SETRAT SED EUR 8, TROF-EL-FIG.

Elle sortit son calepin et nota ce qui était écrit. C'est alors que Valentin donna l'alarme. David prit Caro par la main, ils décampèrent en vitesse.

En voyant ce que Caro avait noté sur son calepin, Valentin fit les yeux ronds. Visiblement, il n'y comprenait rien. David le mit sur la voie :

– C'est une simple question de bon sens. Tu me suis ?

QUESTION

Qu'est-ce que David veut dire par là ?

....

218
217
216
215
EFFABAL NOTSAG
SETRAT SED EUR 8
TROF-EL-FIG

12

UNE TROUVAILLE TROUBLANTE

Valentin fit ce que David lui avait suggéré et changea de sens de lecture. Aussitôt, les mots incompréhensibles prirent sens.
– GASTON LABAFFE, 8 RUE DES TARTES, GIF-LE-FORT, épela-t-il, ahuri. Mais pourquoi ce Labaffe a-t-il pris la peine de rédiger sa carte de visite à l'envers ?
– C'est ce qu'on va aller voir de ce pas, dit Caroline. Huguette Apens est de mèche avec ce gars-là, ça ne fait pas de doute. Reste à savoir pour quelle raison. Les amis, je crois qu'on touche enfin au but.
La petite ville de Gif-le-Fort, fameuse pour ses tartes à la crème, se trouvait à une vingtaine de kilomètres au nord. À la gare routière, les Malice et Réglisse prirent l'autobus qui les déposa, trois quarts d'heure plus tard, devant la mairie. La rue des Tartes était à proximité. Au numéro 8, ils trouvèrent la « villa des Châtaignes » au milieu d'un jardin. Ils se postèrent près du portail et attendirent un bon moment en surveillant la propriété. Rien ne bougeait dans la maison. Finalement, ils avancèrent dans le jardin. Aucun signe de vie. La villa semblait déserte.
– Il y a quelqu'un ? cria Caro crânement.
Tout resta silencieux. David haussa les épaules, résigné :
– Encore un coup d'épée dans l'eau. Venez, ça suffit, on rentre.
– Attends, dit Valentin, il y a quelque chose qui ne tourne pas rond ici. Regardez ! En voilà la preuve !

QUESTION

Quelle découverte détonante vient-il de faire ?

Villa
des Châtaignes
1890
9

13

ENTRE VIEUX FÛTS ET BONNES BOUTEILLES

Les trois amis s'approchèrent de la brouette sur laquelle Valentin avait découvert un pistolet qui gisait sur un lit de feuilles mortes.

– N'y touchez surtout pas ! s'écria David. Si ça se trouve, il est armé.

– Non mais, tu nous prends pour qui ? fulmina Caroline. Tu n'as quand même pas le monopole de la jugeote, mon vieux !

– David a raison, dit Valentin en tentant de calmer le jeu. Ce pistolet, pas question d'y toucher, pour ne pas détruire les empreintes digitales qui doivent s'y trouver et qui permettront d'identifier son propriétaire…

– Qui ne peut être que Gaston Labaffe, le coupa Caroline, nous sommes bien d'accord. Alors, récapitulons : Arabella Ducoffre disparaît mystérieusement, un sosie prend sa place pour ruiner sa réputation. Ce sosie s'appelle Jessica Ceyrol. Elle chante comme une casserole et elle rêve de gloire. Huguette Apens, quant à elle, rêve de vengeance. Elle maquille Jessica en Arabella après avoir fait disparaître cette dernière. Avec l'aide de Gaston Labaffe. Qu'ont-ils fait d'Arabella Ducoffre ? C'est ça qu'il faut trouver. Ici même.

L'argumentation de Caroline tenait la route. Ils se mirent à fouiller le terrain. Valentin inspecta le puits au fond du jardin, Caro la réserve de bois. David essuya la vitre crasseuse de la fenêtre de la cave. Soudain, il fit signe aux deux autres d'approcher.

– Vous voyez ce que je vois ? murmura-t-il d'une voix mal assurée.

QUESTION

Que vient d'apercevoir David ?

COMMANDER 6 CAISSES CHAMPAGNE
ACHETER SOURICIDE

14

TENSION À LA DÉCHARGE

Caro et Valentin regardèrent à leur tour. Ce qu'ils virent dans la cave sombre les fit frissonner. Derrière le tonneau couché à droite dans l'étagère, ils distinguèrent les pieds d'une femme et le bas de sa robe.

– Vous cr… croyez qu… qu'elle est mmm… ? bégaya Valentin.

Pour toute réponse, David composa le numéro d'Antoine sur son portable, tandis que, d'un grand coup de pied, Caro faisait voler la vitre en éclats.

Quelques instants plus tard, les Malice et Réglisse se retrouvèrent dans la cave. Devant eux, ligotée, bâillonnée, épuisée mais bien vivante, la vraie Arabella Ducoffre ! Ils enlevèrent son bâillon, détachèrent ses liens, l'aidèrent à se relever. La cantatrice leur raconta qu'un homme masqué la tenait prisonnière, la ligotant et la bâillonnant chaque fois qu'il s'absentait. Qui l'avait enlevée ? Arabella l'ignorait.

– Je me souviens seulement que mon ancienne secrétaire était venue me voir à l'improviste alors que je prenais mon petit déjeuner. Elle voulait que je lui pardonne. Je l'avais découverte en flagrant délit…

Des portières de voiture venaient de claquer, les trois amis coururent à la rencontre d'Antoine et de Francis. C'est alors qu'une deuxième voiture pila devant le portail pour repartir aussitôt. Gaston Labaffe s'enfuyait sur les chapeaux de roue, suivi d'Antoine, Francis et des Malice et Réglisse.

La course poursuite se termina aux abords d'une décharge. Gaston Labaffe sauta de sa voiture et s'engouffra dans l'amas de bric-à-brac où il disparut.

– Police ! Rendez-vous, vous êtes cerné ! cria Antoine.

– On le tient, je le vois, dit Francis en montrant Labaffe du doigt.

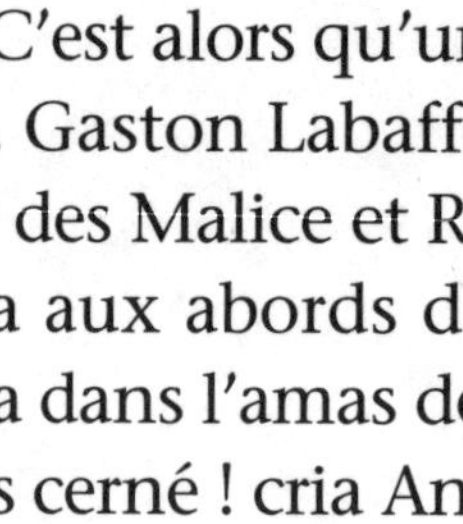

QUESTION

Où se cache Gaston Labaffe ?

12
1871

15

DEMANDEZ LE PROGRAMME !

Coincé entre un meuble bibliothèque, un fauteuil et un montant de lit en plein milieu de la décharge, Labaffe s'était piégé lui-même. Il n'opposa aucune résistance quand Antoine lui passa les menottes. Lors de son interrogatoire au commissariat, il fit des aveux complets tout en incriminant lourdement Huguette Apens :

– Elle m'a fait les yeux doux, monsieur le commissaire, elle m'a dit que sa patronne avait ruiné sa vie en la mettant injustement à la porte et qu'il fallait la punir pour ça. Et moi, pauvre imbécile, qui aimais Huguette à la folie, j'ai marché ! Ah ! que les femmes sont cruelles !

De son côté, Arabella Ducoffre fit entendre un tout autre son de cloche :

– J'avais surpris Huguette en train de voler mes partitions annotées, tout le trésor de mon expérience de cantatrice, pour les revendre à une chanteuse de seconde zone. Voilà pourquoi je l'ai renvoyée.

La cantatrice fondit en larmes. Elle était à bout de force. Antoine la reconduisit chez elle et lui recommanda vivement de se reposer.

– S'il vous plaît, évitez de vous montrer en public. Il ne faut pas qu'Huguette Apens et Jessica Ceyrol apprennent votre libération.

Pendant ce temps, les Malice et Réglisse étaient réunis au « Sucrier ». Ils étudièrent le programme du théâtre municipal du mois en cours. La fausse Arabella Ducoffre allait sûrement donner un autre spectacle.

QUESTION

Quel jour montera-t-elle de nouveau sur la scène ?

PROGRAMME DU THÉÂTRE MUNICIPAL POUR LE MOIS DE JUILLET
1er juillet Le diable masqué
20h30 de Maurice Quetou avec Eva Nouy, Adam de Loup et Lucie Ferre
2 juillet La forêt enchantée
19h30 de Merlin Pimpin avec Chantal Isment Claire Delune et Lulu
3 juillet La fiancée du brigand
20h30 d'Aude Alamour avec Amandine de Bonheur
4 juillet Le Dragon s'enflamme
20h30 de Pierre A. Briquet avec Monica Lumé, Philippon Pied et Adèle Létain
5 juillet Guignol et Kirsch
19 h Le fameux duo de clowns avec leur numéro de voltige et jonglage.
6 juillet La licorne Blanche
20h30 Opérette de Séraphin Limier, avec Fleur de Lice, Rose Cygnol Gaëtan Pette et Laura Toultant
7 juillet Le commissaire voit double
20h30 Comédie policière de Constantin Mirot avec les jumelles Clara et Lara Stigmate
8 juillet Les fréres Karamelov
20h30 Tragédie de Théodore Dehors avec Eva Nupic Ella Froy et Yvon Gelet
9 juillet Le tonneau des Danaïdes
20h30 Opéra bouffe d'Albin Defoule, avec Mélissa Desbordes, Pierre Lalouche et René Clabousse.
10 juillet Les Naufragés d'Uranus
20h30 de Lucas Lamitay, avec Francisca Tastroff Amédée Zastre et Sébastien Le Bonbout
11 juillet La luge en folie
20h30 d'Emile Flocon avec Elsa Croche, Elvire Tropcour et Maëva Tombay
12 juillet As de Pique
20h30 d'Icare Hédroy avec Reine Decoeur Narcisse Detrèfle et Jo Quaire
13 juillet Place aux Jeunes
20h Spectacles de fin d'année des écoles. Entrée libre. Venez nombreux
14 juillet Fête Nationale
Relâche
23h Féérie pyrotechnique place du Champ-de-Foire
15 juillet Arlequin fait la fête
17h Spectacle de marrionnettes par la Compagnie des fous du Roy
16 juillet La Sorcière Ma-Aimée
20h30 Mélodrame en trois actes d'Arnaud Nyme avec Alba Lesbrosses, Yvette Ensor
17 juillet A Midsummer Night's Dream
20h30 (Songe d'une nuit d'été) de William Shakespeare par la compagnie de Stratford-upon-Avon
18 juillet L'Égypte Eternelle
20h30 Conférence-débat par le professeur Miriam Cessedeux de l'Institut des Antiquités
19 juillet Qui l'eût grue
19h Les aventures extraordinaires de Mimi Petite-Grue, musique de Félicie Gogne
20 juillet Féeries et sortilèges
20h30 Grand spectacle de magie présenté par le club des amis d'Houdini avec Blanche Apain et Claire Komelo
21 juillet L'homme de l'ombre
20h30 de Eddy Sparut avec Aïcha Dos, Emma Chalombre et Geoffroy Auzieux
22 juillet Bal masqué à Venise
20h30 Opéra bouffe Alonzo T. Atre avec Isabelle Caché
23 juillet Les trois filles du meunier
20h30 Comédie musicale de Claire Fontaine avec Laura Prileau Lola Trempé et Va
24 juillet L'enlèvement au bercail
20h30 Opéra en un acte d'Amédée Lascar avec Arabella Ducoffre, Pascale Feutré, Vincent Zésitay et Marc Halepa. Direction musicale Ilya Dkwa Pleuret
25 juillet La vigneronne
20h30 Comédie d'Etien avec Désirée Zai
26 juillet Coucou les diablotins
16h Concours enfant sorcières, magic balais ,baguette
27 juillet La reine des abeilles
20h30 JL Delaruche, Amiel Heux, Martial Véole
28 juillet La Baie des Contrebandiers
19h par Micky Lah avec Jenny de Miranda Labo Peter Envue
29 juillet Le Roi du Café
20h30 Comédie mus Juju de Chôssayte avec Donatella Longeais Lara Bicat, Alex Press
30 juillet Coups au Cœur
20h30 Comédie poli Nicolas Taup Avec Eugénie Bernadette De Benjamin Da Romain Har
31 juillet Panier de crabes
20h30 Satire financ Nestor Emba Bibi Fton, Sa Jean Grange Raoul Surlor Stella Bellaf

16

DUEL EN AVANT-PREMIÈRE

Le programme des spectacles du théâtre municipal l'indiquait clairement : le 24 juillet à 20 heures 30 allait avoir lieu la première de l'opéra *L'Enlèvement au bercail* d'Amédée Lascar avec, dans le rôle principal de la princesse ravie, la célèbre soprano Arabella Ducoffre.
Comme il est d'usage, la veille de la première, il y eut l'avant-première, une représentation à laquelle étaient invités des spectateurs de choix, journalistes de presse écrite, de radio, de télévision. Les lumières s'éteignirent, les murmures se turent, le chef d'orchestre éleva sa baguette, et l'ouverture résonna. Puis ce fut l'entrée en scène de la princesse qui devait clamer sa détresse en chantant un air dramatique d'une beauté sublime.
Ce fut le drame sans la beauté ! Devant les vocalises grinçantes de la chanteuse, le chef d'orchestre baissa les bras et la baguette, les musiciens délaissèrent leurs instruments pour se boucher les oreilles, le public resta coi. Et quand, soudain, la vraie Arabella Ducoffre sortit des coulisses pour affronter son double, l'immonde Jessica Ceyrol à la voix de crécelle, l'assistance se déchaîna. Deux princesses identiques, mais de qui se moquait-on ?
– Hors de mes yeux, scélérate ! rugit Arabella Ducoffre.
– Qui ? Quoi ? Co… comment ? glapit Jessica Ceyrol.
– Huguette, si je t'attrape, je te tords le cou, ragea Arabella.
Applaudissements du public qui retrouvait la verve de sa diva.
Quant à Huguette Apens, elle n'en menait pas large. Sa cachette n'avait pas échappé au regard des Malice et Réglisse.

QUESTION

Où se trouve la sinistre dame en noir ?

17

ROBINSON BOUDE

Sur un signe du directeur du théâtre, le rideau tomba. Pendant qu'Antoine ordonnait à Huguette Apens de sortir de son réduit de souffleuse, le directeur tentait de calmer la salle :

– Mesdames et messieurs, chers mélomanes ! En raison d'un petit incident que nous vous prions d'excuser, le spectacle reprendra d'ici quelques minutes. Prenez patience, je vous prie. Je vous promets que vous allez vous régaler en entendant enfin et de nouveau la voix inimitable de notre adorée Arabella Ducoffre.

Et en effet : à peine le timbre sublime d'Arabella se propagea-t-il dans la salle que l'audience fut prise d'une émotion profonde.

« Funeste destin de princesse trahie, quelle menace mortelle plane sur ma vie. Arrachée sans pitié je fus à mon amour, fidèle je serai, jusqu'à mon dernier jour. » Les violons sanglotèrent, les hautbois murmurèrent tout bas, la grosse caisse tremblota, le public sortit les mouchoirs.

Jessica Ceyrol en resta muette, elle l'est toujours. Huguette Apens alla rejoindre Gaston Labaffe dans une cellule voisine de garde à vue au commissariat. Ils se détesteront jusqu'à leur dernier jour.

– Et Robinson ? demanda Caroline à David en coulisses alors que les applaudissements pleuvaient et qu'Arabella se faisait fêter.

– C'est vrai, dit Valentin, on l'a un peu négligé pendant cette enquête.

– Il me fait la tête, admit David. Il m'a pincé l'oreille tout à l'heure, puis il s'est envolé, d'un air de dire qu'il en avait plein la crête.

– Je le vois, dit Valentin. Sors les cacahuètes, David, il faut qu'on se fasse pardonner.

QUESTION

Où Robinson s'est-il réfugié pour bouder ?

LE SECRET DE L'ÎLE AU POULPE

1

UN GRAND-PÈRE PAS COMME LES AUTRES

– Quel coquin, ce Robinson, dit Caro en se souvenant de la fameuse soirée au théâtre municipal. Il s'était caché dans les coulisses sous un chapeau haut de forme au milieu des accessoires.
Par une belle journée d'automne, les Malice et Réglisse se trouvaient dans le train qui devait les emmener à Bonport-sur-Mer où habitaient les grands-parents de Valentin. Ils étaient invités à passer une semaine de vacances au bon air, Robinson compris. Le train ralentissait en s'approchant de la petite gare. De loin déjà, Valentin avait aperçu Castor et Pollux, les deux chevaux de labour, attelés à la carriole du grand-père. En revanche, nulle trace de ce dernier. Le train s'arrêta, les trois amis sautèrent à quai. Valentin soupira :
– Ça, c'est mon grand-père tout craché, adorable, mais toujours un peu dans la lune. Pourvu qu'il ne nous ait pas oubliés !
– Et les chevaux, tu crois qu'ils sont venus tout seuls ? se moqua Caro.
– Ils en seraient capables, rétorqua Valentin, ils connaissent le chemin et ils adorent regarder les trains.
– Et si tu nous disais à quoi ressemble ton grand-père ? suggéra David. Tous ensemble, on aura plus vite fait de le trouver dans cette foule.
– C'est simple, sourit Valentin. Mon grand-père ne porte jamais de cravate, et il déteste les chapeaux bien qu'il n'ait plus un seul cheveu sur la tête. Il n'a pas de barbe ni de moustache, et il ne fume pas la pipe. Avec ça, on ne devrait avoir aucun mal à le trouver.

QUESTION

Où est le grand-père de Valentin ?

. . . .

BONPORT-SUR-MER

2

UN PETIT CREUX...

– Valentin ! appela l'homme jovial aux lunettes rondes qui était en train de discuter avec le chef de gare, par ici, mon petit gars ! Alors, on ne reconnaît plus son grand-père ?
Il serra son petit-fils dans ses bras, Valentin lui présenta ses amis.
– Bienvenue, les enfants ! Je suis ravi d'accueillir le célèbre trio des Malice et Réglisse dans notre Bonport tranquille. Côté enquêtes, cependant, vous allez être déçus, plus de pirates ni de contrebandiers comme autrefois. Par contre, l'air de la mer vous donnera de bonnes joues roses, je vous trouve bien un peu pâlots. En voiture, ma petite Reine nous attend avec le déjeuner, et vous devez commencer à avoir faim. Allez, Valentin, c'est toi qui nous conduis !
Le grand-père lui passa les rênes, et, sous l'œil admiratif de ses amis, Valentin fit doucement avancer Castor et Pollux. Vingt minutes plus tard, tout le monde était réuni dans la grande cuisine de la ferme où la grand-mère Reine leur servit un succulent poulet tout juste sorti du four.
– Et comme dessert, dit-elle, je vous ai préparé...
– Tes fameuses îles flottantes ! s'exclama Valentin. On va se régaler !
L'après-midi, les trois amis descendirent sur la plage, presque déserte à cette époque de l'année. Le vent leur fouettait le visage pendant qu'ils jouaient à s'attraper, qu'ils s'amusaient à lancer des galets pour leur faire faire des ricochets sur l'eau, qu'ils ramassaient des coquillages.
– Non mais, je rêve ! s'écria David tout à coup. Venez voir ce que j'ai trouvé ! C'est comme dans les livres d'aventures !

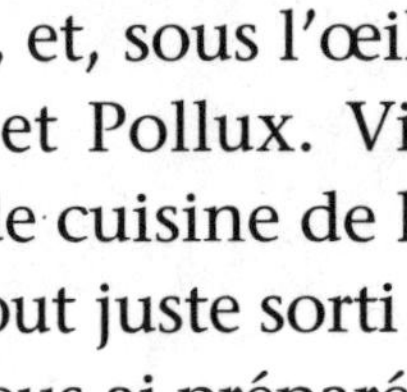

QUESTION

Qu'est-ce que David vient de découvrir ?

....

EVE
LINA
PIRATE

3

LES MOUETTES SONT FINES MOUCHES

Dans le creux de la racine d'une souche d'arbre gisait une bouteille vert sombre, fermée par un bouchon et soigneusement cachetée à la cire.
– Une bouteille à la mer ! jubila Caro. On l'ouvre ?
– C'est une bouteille à cidre comme celles qu'on fabriquait autrefois dans la région, dit Valentin. Il n'y a pas de cidre dedans, sinon…
– Elle aurait sombré, c'est évident, l'interrompit David. Or, il doit bien y avoir quelque chose à l'intérieur, autrement…
– Elle ne serait pas cachetée, le coupa Caroline. Tu me passes ton couteau?
Elle enleva la cire, puis elle se mit à émietter le vieux bouchon de liège qui partit en poussière. À l'aide d'une branchette, elle retira enfin précautionneusement le contenu de la bouteille : une feuille de papier enroulée et attachée par une ficelle. Caro l'enleva, déroula le papier jauni et déchiffra le message à peine lisible qui y figurait :
– « Grosse récompense à qui me sortira du trou. J. P., île au Poulpe, août 1964. » L'île au Poulpe, Valentin, ça te dit quelque chose ?
– Je crois qu'il y avait une prison autrefois. C'est tout ce que je sais.
Les trois amis demandèrent à un pêcheur où se trouvait l'île. Il les renseigna avec un sourire mystérieux et un clin d'œil malicieux :
– Regardez d'où souffle le vent, et vous trouverez ce que vous cherchez. Sinon, demandez aux mouettes.
Caro et David se regardèrent, interloqués. Valentin, lui, avait compris.
– Simple question d'aérodynamique, dit-il. Moins on offre de prise au vent et mieux on se porte. Ça tombe sous le sens, non ?

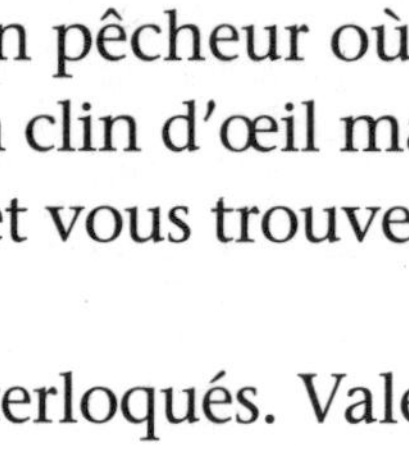

QUESTION

Alors, d'où vient le vent ?

4

LES PETITS BATEAUX QUI VONT SUR L'EAU

Valentin expliqua à Caro et David ce que son grand-père lui avait appris un jour de vent où ils étaient allés observer les mouettes sur la plage :
– Les mouettes se placent toujours le bec au vent. C'est ainsi que leur corps offre le moins de résistance. Avec les avions, c'est un peu la même chose. Ils décollent et se posent toujours contre le vent dominant.
– Bien vu, mon garçon ! acquiesça le pêcheur qui les avait suivis jusqu'au port. Je vais justement à l'île au Poulpe. Si vous voulez, je vous emmène. Voilà mon bateau, la « Fée des Embruns ». Montez donc, c'est de bon cœur ! Je me présente : Yvan Le Adoc'h.
Pendant la traversée, Yvan Le Adoc'h conta aux Malice et Réglisse l'histoire du redoutable pirate qui avait donné son nom à l'île :
– On l'appelait le Poulpe parce qu'aucun bateau n'échappait à son emprise. Il les pillait tous, puis il les envoyait au fond, après avoir massacré l'équipage. L'île était le quartier général de sa bande. C'est là qu'ils cachaient leurs trésors. On leur a tranché la tête en 1417. Rendez-vous à six heures au port, si vous voulez que je vous ramène.
Les Malice et Réglisse le remercièrent et débarquèrent en vitesse. Ils avaient à peine trois heures devant eux pour résoudre l'énigme de la bouteille. Pas une minute à perdre !
– Attendez ! dit Caroline qui avait observé les diverses embarcations qui mouillaient dans le port de l'île au Poulpe. Vous avez vu qu'un autre bateau est venu depuis Bonport ? Devinez lequel !

QUESTION

Quel est le nom du bateau que Caro a reconnu ?

RITA
ANNE
JONAS
TINA
EDE
LEA
ROSALIE
S11
TOM
JUJU
PIA
CHARLOTTE
PIT
OLE

LA POSTE
CASTOR
TIGRE
YVETTE
CÉLIA
Nelly
NEPTUNE
MAX
MIKE
IDA
STELLA
BETTY

5

UNE TOMBE QUI EN DIT LONG

– J'ai reconnu le bateau à son drapeau, dit Caroline, mais je ne me souviens pas de son nom. C'est important ! Vous pouvez m'aider ?
Valentin regarda à son tour, puis il éclata de rire :
– Tu as tout bon et tout faux, Caro. Le bateau s'appelle « La Poste ». C'est lui qui apporte le courrier sur l'île. Pas très suspect, non ?
– Pas vraiment, admit Caroline en gloussant. Bon alors, par où est-ce qu'on commence nos recherches ?
– Par le nom de la personne qui a rédigé le message, il y a quarante ans, proposa David. On a seulement ses initiales, J. P. ; on ignore s'il s'agit d'un homme ou d'une femme, si la personne est toujours vivante ou bien si elle est morte depuis longtemps.
– Et on ne sait même pas si elle se trouve sur l'île, ajouta Valentin.
– En tout cas, pas en prison, fit observer Caro, vu qu'elle est fermée depuis vingt-cinq ans. C'est Yvan Le Adoc'h qui me l'a dit tout à l'heure. Elle a été transformée en musée. Et si on commençait par là ?
– Moi, je propose qu'on aille d'abord au cimetière, pour voir s'il n'y a pas une tombe dont le nom et la date de décès correspondent à nos informations, dit David. C'est ce qu'il y a de plus facile à vérifier.
Le vieux cimetière de l'île au Poulpe se trouvait à proximité de l'église du Bon-Secours. Les Malice et Réglisse y arrivèrent au crépuscule et commencèrent leurs recherches. Après avoir parcouru plusieurs allées, David s'arrêta soudain devant une pierre tombale. Tout semblait correspondre. Il appela Caro et Valentin.

QUESTION

Quelle pierre tombale va-t-il leur montrer ?

Oscar Hotte
Marcel Demer 1829
Juste Heuman
Paul Maure 1929
Ella Aymé 16.7.37
Irma Ladous 1.9.12
Ines Timable 16.59
Yann Amar
Eric Kahn
Annie Krosch 5.6.1911
Pierre Ponce 1828 1898
Jean Pleur 1689
EVA OSSIE 1752
Maud Amour 9.5.19 12.3.71
Vera Citay 9.42
Louis Fine 1891 1941
Fred Ussoir 1829
Boris Katou né 6.1.1711 Mort
Belle Denuy 1.3.1612 3.9.1672
Paul Ochon 1829
Alma Aymé 1911 1991
Lise Euron 1712 1789
Henri Tourne 1697 1753
Guy Vallat 1922 1974
Emile Regret 1812
Ted Doré 1811 1871
Jacques Potte 7 Nov 1964
G. Vaicu 1711 1751
Yves Alloin 1931
Adam Soufer 1.1.12 4.7.91
Dora Poinferma 1887
Rose Dévent née 2.12.81 Décédée 9.1.21
Remi Manceuf 5.1.11
Mona Mour
Luce Yfaire 1901
Marthe Irre 1.5.11 7.1.91
Dédé Nôtres 1.4.11 6.1.71
Famille Saint Nitouch 2.9.1712 3.7.1801
Franck Aupolt 1929 1971
Jeanne Aymard 3.1.17 6.7.91
Juste O'ccor 1.9.16
Alex Térieur Né 3.6.32 Mort 2.1.11
Pie Senlis 7.2.1931
Mimi Lekroc 6.2.29
Germain Deffer 2.1889 1947
Jean Décou 1632 1698
Olga SCHY 1.9.1811
Aime Detous 1712
Lulu Tain
SANDRA Culat 7.1.13
Fanfan Tôme 7.4.59

6

Y A-T-IL UN LOUP DE MER DANS LA SALLE ?

Pendant que Robinson faisait connaissance avec deux corbeaux qui croassaient en haut d'un saule pleureur, les Malice et Réglisse contemplèrent la pierre tombale du dénommé Jacques Potte, décédé le 7 novembre 1964.
– Trois mois seulement après avoir rédigé le message, fit remarquer Caro. Curieux, vous ne trouvez pas ? Surtout qu'il n'était pas très vieux.
– Il a peut-être eu un accident de voiture, dit Valentin sans réfléchir.
– En prison ? fit David. Ça, il faudrait que tu me l'expliques.
– Si c'est de Jacques Potte que vous parlez, dit une vieille dame qui passait avec un arrosoir à la main, il est mort d'une crise cardiaque, le pauvre bougre, la veille de sa libération. Vous êtes de la famille ?
– Non... euh... c'est-à-dire... pas vraiment... on voudrait juste savoir... bredouillèrent les Malice et Réglisse.
– Si vous voulez en savoir plus sur Jacques Potte, demandez à ce vieux loup de mer de Guénolé Aulet. Vous le trouverez à la « Corne de Brume », il y est souvent. Vous le reconnaîtrez à sa pipe blanche en écume de mer.
Les trois amis se rendirent à la brasserie que la vieille dame leur avait indiquée. Les clients s'y pressaient, toutes les tables étaient occupées.
– Il ne doit pas être là parce que je ne le vois pas, déclara Caroline.
– Eh bien, tu te trompes, car moi, je le vois, lui répondit Valentin.

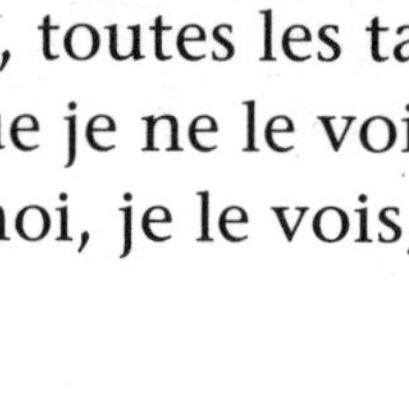

QUESTION

Où se trouve le vieux loup de mer ?

7

POURSUIVIS ?

En compagnie de ses camarades pêcheurs, Guénolé Aulet fumait sa pipe blanche au fond de la « Corne de Brume". Il se révéla être un homme loquace et très sympathique.

– Trois cidres doux pour ces jeunes gens, s'il vous plaît, mademoiselle, demanda-t-il à la serveuse après que les Malice et Réglisse se furent présentés. Que vous dire de Jacques Potte ? Qu'on travaillait sur le même chalutier ? Qu'il voulait être riche pour s'acheter son propre bateau ? Qu'il rêvait de trouver un trésor…

– Quel trésor ? demanda David, celui du Poulpe ?

– Je n'en sais rien, il était un peu spécial, Jacquot. Et puis, il y a eu cette histoire de vol. Un habitant de l'île l'a accusé d'avoir volé le trésor qu'il cachait dans une cassette sous son pommier. Des voisins avaient reconnu Jacquot, il a été emprisonné. La police n'a rien trouvé chez lui. On allait le relâcher faute de preuves quand il est mort subitement, emportant son secret dans la tombe.

– Et le propriétaire du trésor ? voulut savoir Caro.

– Mort lui aussi, peu après. Le mystère du trésor ne sera donc probablement jamais éclairci.

Les Malice et Réglisse prirent congé, Yvan Le Adoc'h les attendait.

Le lendemain matin, ils retournèrent sur l'île au Poulpe, cette fois-ci avec l'intention de visiter l'ancienne prison, transformée en musée. Le vent s'était calmé, un beau soleil d'automne perçait les nuages. En chemin, Caroline se retournait à tout bout de champ.

– J'ai l'impression qu'on est suivis, murmura-t-elle.

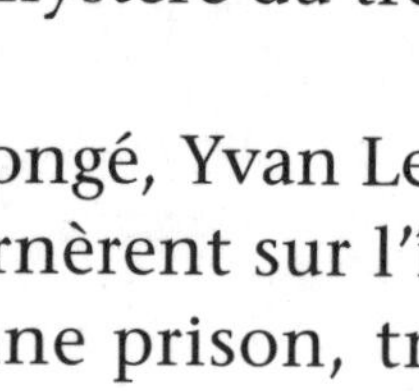

QUESTION

Qu'est-ce qui prouve que Caroline ne se trompe pas ?

. . . .

8

DES TOURS !

Effectivement, quelqu'un suivait les Malice et Réglisse en cachette ! Dans un trou du muret de pierres, ils aperçurent une tête qui se retira aussitôt. Celle d'un homme ou d'une femme ? Impossible à savoir à cette distance. Ils décidèrent de faire comme s'ils n'avaient rien vu et pressèrent le pas. Une centaine de mètres plus loin, le chemin décrivait un virage. Ils se dissimulèrent derrière un massif de genêts et attendirent. À part le bêlement des chèvres et le criaillement des mouettes, rien ne vint troubler le silence. Valentin avança la tête :

– Personne. La voie est libre. On peut continuer.

Ils prirent un sentier étroit et raide qui les mena à la roche aux Sirènes, le point le plus élevé de l'île. La vue de là-haut était superbe. Les maisons, les arbres, les phares et les bateaux ressemblaient à des jouets.

– Rappelez-vous, dit David, Guénolé nous a expliqué que la prison se trouvait dans une tour.

– Pour trouver la bonne, bonjour ! râla Caro qui s'impatientait, il doit y en avoir une dizaine.

– Tu oublies ce qu'il a ajouté, fit remarquer Valentin. Il a précisé que, depuis la roche aux Sirènes, on voyait la tour au nord-est. Avec ça, et un coup d'œil sur la table d'orientation, elle est toute trouvée. Venez, un petit sprint, et on y sera.

QUESTION

De quelle tour s'agit-il ?

Roche aux sirènes
N
O
E
S

9

SOUVENIRS DE SÉJOURS À L'OMBRE

Dix minutes plus tard, les Malice et Réglisse arrivèrent devant la tour blanche qui se dressait près d'un petit pont au bord de la mer.

Le ciel s'était obscurci. Poussés par des rafales de vent, de gros nuages chargés de pluie s'approchaient. Le tonnerre grondait au lointain, les premières gouttes se mirent à tomber. Les trois amis se réfugièrent dans la tour. Ils étaient les seuls visiteurs. À la lumière d'une lampe tempête, le gardien à la mine maussade lisait son journal. Il le posa en maugréant et les accompagna jusqu'à l'escalier en colimaçon au bout d'un couloir parcouru de courants d'air. D'une voix monocorde, il se mit à débiter son discours :

– Élevée sur l'ordre du comte d'Harebourg en l'an mille cinq cent treize, la tour eut pour premier prisonnier son voisin, le comte Passurmoy, qui refusait de lui céder ses droits de pêche à la morue et de lui donner en mariage sa fille, la belle Éléonore. Cette dernière vengea son père en incendiant les bateaux d'Harebourg. Jusqu'à sa fermeture, la prison hébergea bon nombre de mauvais sujets qui ont laissé leur souvenir sur les murs de l'unique cellule. Montez et vous verrez !

Alors que les Malice et Réglisse atteignaient la cellule, un éclair en illumina les murs pendant l'espace d'une seconde.

– Il y a eu du monde ici ! s'exclama Valentin. À savoir si Jacques Potte a, lui aussi, gravé son nom quelque part ?

Un formidable coup de tonnerre couvrit la réponse que lui fit David.

QUESTION

Oui ou non, Jacques Potte a-t-il laissé un signe de son séjour ?

Robert 1912
Dragomir 1811
Emile 1911
Gérard
A.Q. 1631
Roger 1921
Hubert E.
Raoul
A.K.
Igor
Marie 17.12.1637
Geoffroy
T.R.
Renaud 1922
Achille 1954
J.P. 1964
Blaise 1951
Jules
Fernand
1753 BOB
1837
Georges 1911
Marcel
M.O.
Gontrand
Jacques 1793
A.N. 1692
Nestor 1923
Gaston
Nino
A.O. 1927
A.K.
François 3 Dec. 1637
Pierre 1952
J.J.
Blandine
Felix
île au Poulpe
T.G.
Isidore 1927
K.R. 1951
E.H. T.P.
A.R. + Lara
L.E
Barnabé
Marius
Bruno
Jean 1953
K.L. 1951
S.Q.

10

IL Y A SIGNE ET CYGNE

À la gauche de la fenêtre, en dessous du dessin montrant un poulpe, les trois amis reconnurent les initiales de Jacques Potte. Elles étaient surmontées d'un signe mystérieux. Caroline le recopia sur un morceau de papier. De son côté, David s'était hissé jusqu'à la hauteur de la fenêtre. Cramponné aux barreaux, il regarda en bas.

– La mer est à l'aplomb, à une bonne vingtaine de mètres. Jacques Potte ne risquait pas de s'évader sans l'aide de quelqu'un. Il lui fallait une scie, une échelle de corde, une barque…

– Ce qui explique pourquoi il a lancé une bouteille à la mer promettant une forte récompense à la personne qui…

Caro s'interrompit, puis elle reprit :

– S'il promettait une récompense, c'est qu'il avait de quoi la payer.

– Tu penses au trésor qu'il aurait volé ? demanda Valentin.

– Oui. Ou bien il l'avait caché, ou bien il l'avait confié à quelqu'un.

Les Malice et Réglisse interrogèrent le gardien : Jacques Potte avait-il des amis, de la famille ?

– Des amis, pas que je sache, bougonna-t-il. De la famille non plus, à part une cousine, Félicité Potte. Elle habite la maison au cygne.

La maison au cygne ? Drôle d'adresse ! C'est alors que les trois amis se rappelèrent ce qui les avait frappés en parcourant les rues de l'île. Il n'y avait ni noms de rue, ni numéros. Chaque maison affichait une enseigne différente au-dessus de la porte d'entrée. C'est Caro qui repéra la maison au cygne.

QUESTION

Où se trouve la maison de Félicité Potte ?

1757
AU CERF NOIR
Restaurant
La Canette Dorée

11

ÇA SIFFLE FORT !

Les Malice et Réglisse traversèrent la place où bruissait l'eau de la fontaine. Ils passèrent à gauche de la maison au cerf noir et firent quelques pas dans la ruelle qui la séparait de la maison au cygne. Ils grimpèrent les marches. À en juger d'après la plaque en cuivre fraîchement astiquée, Félicité Potte habitait toujours à cette adresse. Ils sonnèrent. Une fois, deux fois, puis une troisième.

– Ou bien Félicité Potte est sourde comme un pot, ou bien elle n'est pas chez elle, conclut David.

– On n'a qu'à repasser tout à l'heure, suggéra Valentin.

– Si Félicité est sourde, elle n'aura pas changé d'ici là, fit finement observer Caroline.

Elle venait de marquer un point, Valentin cherchait à égaliser. Mais comment ? Il avança vers la fenêtre qui se trouvait à droite de la porte d'entrée. Sur le rebord, une plante en pot dans un piteux état. Félicité serait-elle partie en voyage ? Alors qui s'occupait de son chat qui dormait tranquillement sur le canapé de son salon ? La vieille pendule au fond de la pièce marchait parfaitement. Qui d'autre que Félicité l'aurait remontée ?

Tout à coup, à travers la vitre, un bruit parvint aux oreilles de Valentin. Un sifflement qui s'amplifiait, qui perdurait.

– Félicité Potte est chez elle, déclara Valentin, et je peux le prouver.

Égalité ! pensa-t-il.

QUESTION

Qu'est-ce qui fait dire à Valentin que Félicité est bien à la maison ?

12

CHACUN SES PETITS SECRETS

Valentin avait entendu le sifflement de la bouilloire qui lançait un grand jet de vapeur. Une femme d'un certain âge vint la retirer de la cuisinière et versa l'eau bouillante dans une théière. Valentin frappa au carreau. La femme se retourna. Quelques instants après, elle ouvrit la porte aux Malice et Réglisse et les fit entrer.

– J'ai bien entendu sonner, leur dit-elle, mais je me méfie. Avec tout ce qu'on entend à la radio, vous savez, toutes ces personnes âgées qui se font agresser à leur domicile… Ah, quelle époque, mes enfants ! Asseyez-vous donc et dites-moi quel bon vent vous amène.

Les Malice et Réglisse décidèrent de jouer franc jeu. Ils lui racontèrent comment ils avaient trouvé la bouteille renfermant le message de son cousin, comment ils avaient commencé à faire des recherches sur l'île. Curieusement, Félicité Potte ne paraissait pas surprise. C'était comme si elle était déjà au courant. Caroline commençait à se méfier. Qui avait vendu la mèche ? Yvan Le Adoc'h ? C'était plus que probable ! Alors, la personne qui les avait suivis ce matin, était-ce cette dame charmante ?

– Tout cela me touche beaucoup, vous pensez bien, dit Félicité Potte. Je suis allée rendre visite à mon pauvre cousin alors qu'il était en prison. Je sentais bien qu'il me cachait quelque chose, mais quoi ?

– Un signe, peut-être ? se hasarda David qui reçut aussitôt un coup de coude énergique de la part de Caro, signe très clair de se taire.

– Quel signe ? demanda Félicité Potte, intriguée.

– Un signe… euh… d'affection, répondit Caroline vaguement.

QUESTION

Qu'est-ce que Caro venait de découvrir dans le salon de Félicité ?

. . . .

J.P.
1964
ÉTÉ
Hiver

13

CAP SUR LE TRÉSOR !

– Ciel, ma béchamel ! Je l'ai laissée sur le feu, s'écria Félicité Potte en courant à la cuisine.

Profitant de son absence, Caro montra du doigt la maquette d'un trois-mâts qui trônait fièrement sur l'armoire du salon et chuchota :

– Regardez le drapeau ! Exactement le même signe que dans la cellule !

À toute vitesse, David monta sur une chaise et se mit à inspecter le mât sur lequel était fixé le drapeau. Il était amovible ! David le retira. Un papier plié était collé à sa base. Il l'enleva avec précaution, le déplia, l'étudia. C'était un plan de l'île, dessiné à la même encre, pâlie par le temps, que le message dans la bouteille ! En dessous, une phrase énigmatique, dont quatre mots étaient soulignés : « Mon trésor, je t'embrasse fort du trou derrière les vieux barreaux. »

– Attention, elle arrive ! prévint Valentin, hélas, trop tard !

Telle une furie, Félicité se rua sur David et lui arracha le papier.

– Petit chenapan ! s'égosilla-t-elle, je t'ai vu faire ! Comment oses-tu toucher à ce bateau que mon cousin a fabriqué en prison et sur lequel il m'a demandé de veiller comme sur la prunelle de mes yeux ! Déguerpissez, sales mômes !

Prévenus par les Malice et Réglisse, Antoine et Francis débarquèrent le soir même sur l'île au Poulpe. Tous ensemble, ils se mirent à suivre sur le chemin des falaises une silhouette encapuchonnée qui semblait se diriger vers les ruines de l'ancien château fort, une lampe tempête à la main. Tout à coup, elle disparut. David repensa à la phrase bizarre…

– Suivez mon regard, murmura-t-il, Félicité Potte s'est trahie.

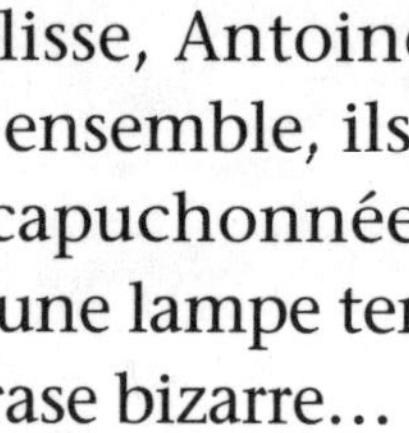

QUESTION

Quel objet révèle la présence de la chercheuse de trésor ?

. . . .

UNE TROUVAILLE LUMINEUSE

Suivi de Caro, Valentin, Antoine et Francis, David se précipita vers la lampe tempête que Félicité Potte avait abandonnée dans le creux d'un rocher à une cinquantaine de mètres du fort. Il l'éteignit.

– Félicité n'a pas besoin de lumière, elle connaît le terrain, dit-il, et elle a compris où se trouve le trésor que son cousin lui a laissé. Mais moi aussi, je pense avoir compris. Allez, en route !

David en tête, ils s'approchèrent en silence de la ruine du fort. Ils le contournèrent sans faire de bruit. Derrière les barreaux d'une fenêtre rongée par les intempéries séculaires, quelqu'un s'affairait.

Le fort, les barreaux ! pensait David. C'était bien ça ! Il ne manquait plus que le trou et le trésor ! C'est alors que Robinson éleva un cri strident et fonça droit sur Félicité Potte qui sortait du fort, enveloppée d'une grande cape. Elle traversa en toute hâte le pont vermoulu.

– Au secours ! clama-t-elle. Débarrassez-moi de cet oiseau de malheur !

Pendant que David ordonnait à Robinson de se calmer, Félicité Potte cherchait le large en grommelant des imprécations. Robinson la lâcha, sans se calmer pour autant. À grands coups d'ailes, il tournoyait au-dessus d'un endroit bien précis.

– Le trésor ! s'exclama David, en apercevant le sachet en cuir que Robinson lui indiquait, je crois bien que nous le tenons enfin !

QUESTION

Où se trouve le sachet en cuir que Félicité Potte a laissé tomber dans sa fuite ?

15

LE POULPE D'OR

En suivant les indications de son cousin défunt, Félicité Potte avait trouvé, dans un creux de la fenêtre du fort, un sachet en cuir. Elle s'en était emparée avidement. Alors qu'elle sortait du fort, Robinson lui était tombé dessus, et elle avait vu six paires d'yeux se braquer sur elle. Au premier plan celles des Malice et Réglisse ! Sans hésiter, elle avait laissé tomber discrètement le sachet qui avait atterri à quelques pas du petit pont en pierraille. C'est là que les Malice et Réglisse le ramassèrent. Caroline l'ouvrit, et ce fut l'émerveillement ! Un poulpe en or massif tendait ses tentacules miroitantes, serties de pierres précieuses : saphirs bleu nuit, diamants étincelants, émeraudes d'un vert couleur de rêve, rubis rouge sombre. L'unique souvenir laissé par le Poulpe, ce pirate redoutable à qui l'île devait son nom.
Il forme désormais l'attraction principale du musée de l'île. Quant à Félicité Potte, elle fit don, pour se racheter, du trois-mâts de son cousin qui avait permis de retrouver le trésor volé.
Après cette nouvelle enquête menée tambour battant, les Malice et Réglisse passèrent le reste de la semaine chez les grands-parents. Valentin apprit à David et Caro comment conduire un attelage, et ils firent de belles balades avec Castor et Pollux.

Création de la collection :
Studio de création
de Repères Communication

Reproduit et achevé d'imprimer
en avril 2004
par l'imprimerie Aubin
à Poitiers
pour le compte des éditions
ACTES SUD
Le Méjan
Place Nina-Berberova
13200 Arles

Dépôt légal
1re édition : mai 2004
N° impr : P 66764
(Imprimé en France)